龍谷叢書XL

時 間 の 思 想 史

—— 双対性としてのフィジカ・メタフィジカ ——

藤 本 忠 著

晃 洋 書 房

まえがき

　本書は時間をめぐる哲学の研究書である.

　時間とは何なのか, それはいかに計測されるべきか. 時間は私たちの日常においてどのように経験されているのか. そして, それは物理学においてどのような形式の下で表示されているのか. あるいは, 時間は現代宇宙論の下で, どのような新たな相貌を示しつつあるのか. そもそも, 私たちは時間への哲学的問いにかんして, いかなるアプローチの仕方で臨むのがもっとも正しいあり方なのか.

　時間の本性をめぐる謎はアウグスティヌスの根本的な問いかけ以来, 非常に長い期間にわたって哲学の重要な主題でありつづけてきた. 本書はこの主題を特に, 近代と現代における自然学, 物理学, 存在論の枠組みの中で検討しようとするものであり, そのカヴァーする範囲は, 中世末期の運動学における時間表示の形成から, カントの時間論とドイツ観念論における批判的応答, ニュートンに対立するライプニッツのモナド論的な時間・空間論の系譜, そして, 20世紀における量子力学の誕生とともに改めて問われることになった, 状態表示の手法にまつわる困難や, 観測問題との関連で問われるべき時間作用素の問題など, きわめて多岐にわたっている.

　本書はその内容の豊富さからいって, まさしく「時間の思想史」という表題に恥じない, 時間をめぐる非常に多面的なテーマについてのきわめて詳細な論考である. 読者はこれらの複雑に絡み合った思想史の流れのなかから, 自分自身の関心にとってもっとも強い興味を覚えるところをひも解くだけでも, これまで常識的な思想史的解釈, 科学史的説明に頼って漠然と理解したつもりになっていたトピックが, 改めて新鮮な切り口の下で光を当てられる様を目のあたりにすることができるであろう.

ところで，時間をめぐる豊かな歴史研究である本書のもっとも大きな特徴は，何よりも，この思想史的探究の枠組みを，あえて「科学（フィジカ）と哲学（メタフィジカ）の双対性（デュアリティー）」という視点の下で設定しようとする，著者の研究姿勢，分析の方法論的視点にあるといえる．

著者のいう科学と哲学の双対性，あるいは物理学と形而上学の双対性とは，今日二つの学問の間に横たわるように見える，「ほとんど通約不可能な概念間のギャップ」を乗り越えるために，歴史的な反省を迂回することで，これらの学問どうしの非常に密接な関係を改めて浮き彫りにし，その必然性と意義とを再確認ようとする，著者の立脚点を指し示す言葉である．

著者によれば，近世以降徐々に主流となってきた意識論的哲学における時間論では，時間の起源を人間の意識や心理的要素に還元し，それを科学的ないし物理的時間と区別して論じるという，二分法が採用されてきた．その結果として，時間の「本来性」を主張する哲学者と，科学の枠内で時間の基礎について議論する科学者との間に，奇妙な「住み分け」ができてしまった．カントの有名な言い回しをもじっていえば，時間や空間を論じるわれわれの議論はその結果として，「内容のない空虚な哲学的議論か，盲目的な科学的説明か」というディレンマに陥ることになった．著者が目指すのは，思想史という枠組みを活用しつつ，このディレンマを突破する視点の確立ということである．

このような視点が，哲学にとって決してアマルガムのように折衷的で，奇をてらった立場でないことは，本書に登場するライプニッツやカントはもちろんのこと，デカルトやパスカルなど，西洋哲学の中枢に位置する正統的な哲学者の業績というものを少しでも考えれば，あまりにも明白に理解できることのはずである．

ただし，日本の哲学研究の場で，時間や空間など，存在論のもっとも根本に位置する概念をめぐって，哲学と自然科学とが同等にかかわってくるような，いわばもっとも煮えたぎる現場で研究し，分析し，批判するという作業は，それほど多くの例のないことである．いわば，コインの両面としての科学と哲学，

知的活動における双子ともいうべき両分野にまたがって，時間についての思想史的目配りを行う研究は，日本の哲学研究の現場では例外に属する作業なのである．とはいえ，こうした方向が哲学のもっとも本格的な視点であることはもちろん疑えないし，さらには，その先例がまったくないともいえない．

たとえば京都学派の中心的思想家の一人，田辺元の哲学的業績を見てみよう．彼は哲学者としてのキャリアの出発点を，数理哲学者としてスタートさせたが，その70歳前後の晩年において，再び集中的に数理思想関連の著作を何冊か出版した．それは『数理の歴史主義展開』，『理論物理学新方法論』，『相対性理論の弁証法』なのであるが，そのなかでも『数理の歴史主義展開』は，彼の晩年の思想をまとめたものとして重要であるばかりでなく，西田哲学にたいする数理哲学的観点からする批判を展開している点で，興味深いものがある．彼はこの著作を，「私の哲学思想の総決算的告白」とさえ言っているが，こうした数理哲学書にして，同時に西田の哲学の論理や世界観にたいする批判でもある著作の刊行というところに，まさしく，物理学と哲学を双対的にとらえようとする田辺の視点が際立っている．

田辺はこの著作で，まさに時間というきわめて特異な構造をもつ次元の連続性について，それをデデキントの切断の概念に由来する集合論的連続性論によって接近しようとする方法の限界を指摘し，一方でブラウアーの直観主義とヒルベルトの公理主義を批判しながら，他方で，行為的直観にもとづく場の理論によって空間・時間論を展開しようとする西田哲学の立場をも批判する．田辺の見るところでは，時間のもつ「危機断層，革新顛倒」という特異な本性を分析するためには，集合論を否定的に超克する位相学が必須であるとされているが，こうした京都学派の生み出した一つの哲学的手法が，数理哲学であると同時に形而上学的世界解釈の提起であるという両面的，双対的性格をもつことは，現代においてももっと注目されてよいであろう．

この著書で田辺はベルクソンの哲学にも触れて，それがいかに時間の特異性を捉える積極的な面をもつにしても，数学的特性のすべてを空間性に帰しつつ，

その存在論的実在性を否定する限りで，真の時間空間の理論を問題にしている
とはいえない，と断じている．しかし，本書の「序章」を読めば読者はまった
く同じ論点が，本書においても別の角度から敷衍されていることを容易に見て
取られることであろう．著者によれば，ベルクソンの時間論にはカントにたい
する大きな誤解があって，時間がつねに意識の外にある空間との関係の中での
み測定されるものであることが，根本的に理解されていないのである．

　もちろん，時間をめぐる「科学と哲学の双対性」の解明を目指す本書の方向
と，田辺のそれとはまったく同じ主題をテーマにしているわけではない．本書
の特にカントを中心に置いて，近世哲学の時間論を解明する部分では，カント
をいわば中核とする哲学思想の星座において，その周囲の哲学がいかなる星々
の布置を描き出すのかが，一つの透視図法として示される．これは，カントと
いう巨星に引き付けられているように見える星座の運動が，それ自身一つの大
きな科学と哲学の協働作業のように見えるということである．

　他方，ニュートン力学を典型する近代にたいして，はっきりとした学問的断
絶を示す19世紀以降の科学論にかんしては，本書は集合論や位相論のような数
理思想ではなく，量子力学という革新的物理学を分析の対象とし，その時間パ
ラメーターの解釈や数学的処理の問題点に迫ろうとしている．著者によれば，
量子力学における時間表示は，基本的にニュートン以来の実数論的パラメー
ターを視覚化したような，古典的イメージにとどまっているが，他方ではヒル
ベルト空間の作用素として数学的に扱う新しい手法も登場している．しかし，
前者については，このイメージに従った経路積分を厳密に基礎づけることがで
きないという難点を孕むとともに，後者については，数学的処理が物理的な世
界にどのように接続されるべきかという点にかんして，まだまだ多くの不明瞭
な点が残っているとされる．

　これらの問題や困難は，単に科学の手法のテクニカルな難点や形式上の混乱
としてあるのではなく，量子力学の観測問題や，ビッグバン宇宙論における虚
数時間宇宙の可能性など，哲学的な整理と思弁とを要求するような，より具体

的な問題としてわれわれに迫っている課題である．読者にはこの点を，特に後半の物理学にかんする章では，つねに念頭において著者の議論の流れを追っていただければと思う．

　繰り返しになるが，本書はこのようにある意味では困難ではあるが，同時に非常に魅力に富んでもいる主題を満載した，きわめて刺激に富んだ研究書である．著者は最後の章の末尾で，ライプニッツなどのこれまでの哲学思想を指導理念にしつつ，厳密な数学的思考を水先案内人として，哲学と数理科学との新たな相互作用を目指すべきだろう，と提言しているが，私もまた現代哲学にたいして，まったく同じ感じ方を抱いている．

　　2017年1月

　　　　　　　龍谷大学文学部教授・京都大学名誉教授　　伊 藤 邦 武

は じ め に

　時間の概念は空間の概念を時として伴い，昔から哲学の主要テーマの一つである[1]．しかし時間概念は，今日，哲学のみならず，数理科学，特に基礎科学である物理学の中でも取り上げられることが多い．時間概念の多様さと，その歴史的変容のため，西洋思想に限っても，時間は多彩な様相で論じられてきた．そして，そうした諸様相は時間概念が広く多様に論じられ得る対象であることを示している反面，時として哲学の歴史からあまりに自由になりすぎたため，基礎付けが曖昧なまま終わってしまう場合や，現代の科学的知見と強い関係を持たない思想史の各領域（各哲学者の研究）の中で終始してしまうこともあるように見受けられる．本書は，歴史的哲学の資料と数学的な材料を用いて，可能な限り，時間概念に潜む問題の豊かさを読者に伝えることを目的としている．

　本書は「時間の思想史」と銘うたれているが，表題から期待されるような厳密な意味での「時間の概念史」ではない．もとより，科学史や哲学史の視座，一般に歴史的な視座は，現代の問題を相対化し，その問題の意味を問い直すためには是非とも必要ではある．しかし過去そのものの思想に完全な偏見や憶断なく身を置くことは不可能であり，それが可能だと豪語することはむしろ傲慢であろう．現在，哲学や科学の中で，隘路あるいは袋小路に陥っている問題の起源を探り当て，その問題の起源がどのような形で展開し今日に至ったのか，という問題意識の中でこそ，過去の思想がもつ意味が深く理解できるのではなかろうか．歴史的事実をどう解釈するか，という問題は，何を問題にするかによって幾分かのコントラストはつけられるであろう．そういう観点を強調するために副題に「双対性」と「フィジカ・メタフィジカ」という言葉を付けさせていただいた[2]．

　先に「隘路」と論じたが，本書で扱う問題に限定してこの点をあらかじめ述

べておきたい.

19世紀以降（ドイツ観念論 [ドイツ理想主義ともいわれる] といわれる哲学的潮流を境にして），それまで学問そのものを指す広義哲学が，諸科学，とりわけ自然学（物理学：フィジカ）の分離・独立に伴い，いわゆるメタ科学化していく．換言すれば，理論哲学が物理学とのなだらかな連続性を失い，哲学が科学の基礎付けや科学批判となっていく．20世紀，哲学が形而上学（メタフィジカ）を標榜することさえ，一種のアナクロニズムに陥るとさえいわれた時期があるし，現在もそうかもしれない.

この時から，時間や空間の概念に関していえば，哲学は物理学に対して二様の態度をとってきたように思われる．一つは，物理学や数理科学の営みにおける時間や空間の概念をひとまず認め，そこにある概念枠組を哲学的に正当化したり応用する試みである．これには様々な流儀がある．例えば時間様相論理のような論理学の観点で，時間の要素を応用する立場がある．また，例えば物理学での公理系や数式を認めてから，その解釈を行うという態度もある．学問一般が，また物理学がこれだけ細分化してしまった現在，哲学者が，数学的には極めてシンプルである「特殊相対性理論」を正確に理解してからその問題点をえぐるという余裕さえ，なかなかないのかもしれない.

もう一つの態度は，物理学の立場を哲学と無関係とみなすか，もしくは，亜流で副次的な問題として扱い，それで済ますという態度である．そこでみられる多くの時間論に共通するのは，哲学的な態度決定における時間論こそが本物であり，物理学の時間論はそこから出た傍流であるという態度である．こういう態度決定は，哲学者仲間や宗教的見方には受け入れられやすいだろう．しかし，いざ，現実に行われている物理的計量や現代宇宙論における物理学者との対話では，全く接触点が見出せず，「対話」にさえならない.

もちろん，哲学の側に多くの責任を課すのは酷であり，物理学者こそ，哲学の本物の時間論を学ぶべきだ，という見方もあろう．しかし，こうした見方は，半分正しいが，哲学する者の営みとしてみたときは半分間違っている.

哲学はその由来からみても特殊科学ではないのである．また，カントやハイデガー，ベルクソンらの時間論が唯一絶対に正しい理論であるわけでもなく，そうした哲学者の研究を通じたいわば実感のみの中で時間論が収束するわけでもない．哲学が哲学である理由の半分は，哲学が**学問論**そのものでもあることにある．哲学する者は学問全体の有機的連関を意識していなければならない．とりわけ，現代の時間論を論じるにあたっては，現代物理学における時間の取り扱い方の理解なくしては難しい．物理学の時間を哲学者が非本質的だと批判してみせたところで，物理学者には物理学者として（私的に生きる日常の個人としてではない）物理学を考える上で，そういった批判からは何も得るところはないからである．

　20世紀後半以降，哲学は諸科学との結びつきを再度認識せざるをえなくなった．ただ，時間概念は全ての学問に共通する基本概念であるにも拘わらず，昨今，綜合的に論じられることがあまりなくなったようである．しかし，隘路は，それが顕在化するまで，霧がかかったままである．学問論的観点からも，本書がそうした問題に多少の光を当てることが出来れば，望外の喜びである．

　　　2017年1月　　　京都　宇治にて

　　　　　　　　　　　　　　　　　　　　　　　藤　本　　　忠

注
　1）本書で論じるが，カントのように時間や空間は「概念」ではないという立場もある．ここでの「概念」は広義に理解されたい．
　2）この表題をご覧になった慧眼な読者の中には，小嶋泉氏の著書『量子場とミクロ・マクロ双対性』，丸善出版，2013年，を想起されたかもしれない．実際，その通りである．

この本の概要と方法

本書は,「物理学 (フィジカ)」の視点, 言い換えれば自然現象に伴う現代物理学の視点と「形而上学 (メタフィジカ)」, つまり哲学 (数学)[1] の視点の有機的連関においてはじめて時間の概念の本質がみえてくることを強調している. その点で両者は「双対」の関係にある.

本書の概要を, 目次に沿って先に示しておきたい.

第Ⅰ部では, まず物理学の時間と哲学の時間の関係を物理学と哲学との対照の中で考察し, 物理学で日常的に使用される「時間パラメータの起源」に関して論じる. また哲学史上大きな影響を与えたカントの時間論を素材の中心におき, 第Ⅱ部以降の準備とする.

カントの時間論が空間論とセットで論じられたこともあり, 第Ⅱ部, 第Ⅲ部においては, 時間とともに空間についても若干議論される. 第Ⅱ部は, カントの影響を無視できないドイツ観念論の哲学者 (フィヒテ, シェリング, ヘーゲル) の時間論 (一部, 空間論) について論じ, 第Ⅲ部は, 反カント的, 反ニュートン的な立場に立つライプニッツとボルツァーノの時間・空間論を考察することで,[2] 近代科学が陥った時間表記 (パラメータ) の問題の掘り起こしになればと思われる.

第Ⅳ部では, 物理学, 特に量子物理学における時間の概念構成やそのパラメータ表記に関する問題を, 作用素論的観点や観測の理論の観点から議論し, そこに伏在する問題を考える.

ここで, 本書の副題にある**双対性 duality**に関して述べておきたい.

双対性とは, ある対象や事象が相互に補完する見方のことを意味するが, 数理科学の世界では, もう少し厳密な使われ方をする. 例えば, 初等線形代数学における線形変換やフーリエ解析におけるフーリエ変換にみられる重要な見方

である．現代の数学や物理学には不可欠の枠組みである[3)]．

　厳密な定義は考慮せず，関数の記号を象徴的に使用してこの点を説明しておこう．例えば，対象Xがどういった特徴を備えているかについて理解したい場合，我々は，ある変換操作Fを通じて，事柄を明らかにしようとしている．このことは，実は数学的な操作に限らない．哲学の概念もアナロジーなどを利用して変換され，わかりやすい概念として定義されなおすことは，昔から頻繁になされている．

$$F(X) = 事象の真相$$

　しかし，その変換の仕方F自身が，Xによって逆に変換されているという見方も可能である[4)]．場合により，この変換がFとXの間で「同型」をもたらすこともある．このFとXの関係こそが双対性である．

　哲学的思考において事柄の本質を探ることを物理的方法において事柄の本質を探ることから見直すこと，つまり哲学的対象Xを物理学的変換Fにおいてみるというのは，いささか乱暴に映るかもしれない[5)]．だが，事柄の実相は，有限な理性が一つの見方において理解できるほど単純ではないはずである．とりわけ現代の自然科学の世界を哲学として解釈する，あるいは，哲学的な問題を自然科学において理解するには，安易な「還元」は，事柄の豊かさを矮小化してしまう[6)]．本書では，哲学の古典を扱う場合でも，以上のような双対性を意識した．カントやライプニッツの科学論を扱うとき，双対性の視点をもたずして，どのような学問的広がりがあるのだろうか．

　本書は，やや専門書よりだが，啓蒙書の役割も狙っている．そのため，古典文献に関する引用は，原典を可能な限り参照したが，特定の哲学者や思想に限定された研究書ではない．しかし，初級者向けの啓蒙書でもない．したがって，哲学に関しては大学の哲学のコースで教えられる哲学史程度の知識は前提される．数学や物理学に関するやや高度な数式も，紙幅の都合上，証明などはできるだけ省略し参考文献を参照して頂くようにしたが，事柄の本質を伝えるため

に数式そのものをすべて割愛することはできなかった点を，あらかじめお断り
しておきたい．

　最後に，本書におけるテキストの扱いについて，若干の注意をしておきたい．
本書で使用したテキストについては，各章で明記した．また，引用箇所や参照
箇所については，原則として引用後に使用テキストの巻数などとともに，ペー
ジ番号や§番号について記した．本書の各章で中心となるメインテキストに関
して，章末注などでもその詳細に関しては説明した箇所がある．参考文献一覧
に関しては，各章ごとに章末に列挙しまとめてある．

　なお，本書は，私がこれまで，『龍谷大学論集』をはじめとする雑誌におい
て発表してきた論文の内容を部分的に含むが，これらに大きな加筆・改編を加
えていることをここでお断りしておきたい．

注
1）数学をメタフィジカの中に含めることに抵抗がある方もいるであろうが，数学の扱う
　　領域（対象は），自然主義や経験主義では十分には理解できないというのが，筆者の立
　　場である．
2）カントのほうがライプニッツより後の生まれだから，カントを反ライプニッツ的とい
　　うべきかもしれない．
3）『別冊　数理科学　双対性の世界　諸分野に広がるデュアリティ・パラダイム』，サイ
　　エンス社，2007年，など参照．
4）唐突に聞こえるかもしれないが，ヘーゲルの『精神現象学』に現れる様々な弁証法的
　　変換の例（「主人と下僕」の節）などをみよ．
5）圏論の用語を使用すれば，異なる対象間のつながりを理解するには「関手」が必要と
　　なる．
6）最近のいわゆる「自然主義（新しい物質主義・感覚主義）」的還元では，世界の一側
　　面しかみえない．例えば「意識」の問題における，R.ペンローズの見解は，D.デネット
　　の自然主義からみて不満足のようであるが，現在の学問（量子論）の限界やアルゴリズ
　　ムの限界をきちんと見通している点からみて，その実在論の細部は問題があるとしても，
　　私はR.ペンローズの見解ほうがはるかに謙虚であり，学問の広がりに関して正しい方向
　　を指示していていると考えている．

目　　次

まえがき

はじめに

この本の概要と方法

序章　哲学と物理学の時間概念を論じるにあたって ……………… 1

はじめに　　(1)

1　空間性と分離した意識論的時間論　　(3)

2　時間の成立　　(6)
　　──直観と概念の連動──

3　古典物理学における時間とカントの時間論　　(9)

4　量子物理学における時間概念の広がり　　(16)

おわりに　　(19)
　　──積み残された問題──

第Ⅰ部　物理学と哲学の時間概念をめぐる問い

第1章　物理学の時間表示の起源 ……………………………………… 27

はじめに　　(27)

1　歴史的経緯　　(28)

2　オレームの新しい方法と時間（1）　　(31)

3　オレームの新しい方法と時間（2）　　(33)

4　オレームの新しい方法と時間（3）　　(35)

5　その後の自然哲学への時間論の接続　　(37)

おわりに　　(40)

第2章　物理学の時間とカントの時間論 ……………………… 47

はじめに　(47)

1　カントの時間論　(48)

2　カントの時間論への問いかけ　(51)

おわりに　(54)
　　——カントの影響——

第Ⅱ部　近世哲学の時間解釈（A）
——カントの時間論のドイツ観念論における展開——

第3章　シェリングによる自然哲学 ……………………………… 59

はじめに　(59)

1　シェリング哲学のカント批判に関する基本的立場　(60)

2　カントの第一アンチノミー論とシェリングによる批判　(62)

3　カント哲学の立場からみたシェリング批判への応答　(66)

4　カントの直観論の再検討　(67)

おわりに　(70)

第4章　フィヒテの根源的直観論 ………………………………… 73

はじめに　(73)

1　フィヒテによるカントの継承　(75)

2　ア・プリオリな綜合的判断とフィヒテの知識学の方法　(77)

3　カント哲学の立場からみたフィヒテの直観論　(80)

4　フィヒテの解決　(82)

5　カントの直観論の再検討　(85)

おわりに　(87)

第5章　ヘーゲルの概念による時間論 …………………………… 93

はじめに　(93)

1　『エンチクロペディー』「第二編　自然哲学」における時間と空間　　(94)

　　2　初期ヘーゲルのシェリング哲学の継承とシェリングとの差異　　(98)

　　3　「直観」と「概念」　　(100)
　　　　──『精神現象学』「感覚的確信」──

　　4　論理的立場について　　(103)
　　　　──『大論理学』「存在論」──

　　5　カントの立場からのヘーゲルへの疑義とカントの直観論の再検討　　(107)

　おわりに　　(109)

第Ⅲ部　近世哲学の時間解釈（B）
──時間の構成──

第6章　ライプニッツ対ニュートンとカント ················· 115
　はじめに　　(115)

　　1　カントによるライプニッツ批判　　(117)

　　2　カントの直観論と大域性　　(119)

　　3　ライプニッツの時間・空間論（1）　　(121)

　　4　ライプニッツの時間・空間論（2）　　(123)

　　5　カントの直観論の再検討　　(126)

　おわりに　　(128)

第7章　ボルツァーノによる時間の基礎付け ················· 133
　はじめに　　(133)

　　1　ボルツァーノの哲学の基本的な骨格　　(134)

　　2　ボルツァーノの時間・空間概念　　(137)

　　3　カントの視点からのボルツァーノの批判とカントの直観論の再検討　　(142)

　おわりに　　(146)

第Ⅳ部　物理学の時間概念とその問題

第8章　物理学における時間表示の問題 153

は じ め に　(153)

 1　量子化の方法と状態関数の表示　(154)

 2　積分の時間表示と時間平均の明示化　(158)

 3　時間を作用素としてみなすこと　(159)

 4　経路積分の時間表示の意味　(161)

 5　宇宙論との関連（1）　(164)

 6　宇宙論との関連（2）　(166)

まとめと問題　(167)

第9章　時間と量子物理学における観測の問題 173

は じ め に　(173)

 1　コペンハーゲン解釈の概要　(175)

 2　ノイマンの観測理論と量子物理学における領域の整理　(176)

 3　時間作用素の歴史　(179)

 4　時間作用素と時間パラメータ：再考　(182)

 5　時間作用素と正値作用素測度　(184)

 6　時間は一次元的なのかについて　(186)

 7　展　　望　(187)

今後の展望　(199)

あ と が き　(205)
 ——謝辞——

人 名 索 引　(207)

事 項 索 引　(209)

序章　哲学と物理学の時間概念を論じるにあたって

概　要

　この序章では，本書の主要なテーマである哲学（メタフィジカ）の時間論と物理学（フィジカ）の時間論との関係を概括的に論じたい．ここで論じられた事柄に関しては，後の各章においてより詳しく議論が展開されるが，この序章だけを読んでいただいても，この本の目的は十分伝わるものと考えている．

　今日哲学と物理学の時間論の間に，ほとんど通訳不可能な概念間のギャップがみられる．こうしたギャップを学問の異種性の問題として無視することは簡単である．しかし，歴史的な展開を考慮に入れるならば，実は両者には密接な関係があることがわかる．ここでは現代の典型的な時間論の一つであるベルクソンの時間論を例にとり，それをカントの時間論と併せて論じる中で，今日の哲学の時間論の「隘路」が見出せるのでなないのかと思われる．また，物理学においても，未だに極めて難しい問題として立ちはだかっている時間の位置付けについて，量子物理学の問題を紹介しつつ，哲学として考えるべき問題を提起したい．

Keywords：ベルクソン，カント，古典物理学，量子物理学

は じ め に

　時間の概念については，哲学の歴史の中で，その認識・知覚にかかわる問題，時間の意識論的性質，存在論的位置付け，あるいは時間の論理的構成など，これまで数多の研究がなされてきた．また，物理学，心理学，あるいは生理学的な側面における研究などにおいても，当該科学が内在的に抱える概念の基礎的

枠組みに踏み込む場合に，時間は無視できない．例えば，人間の記憶の問題や生物の成長の問題について，時間の概念が深くかかわっているということは否定できないであろう．

時間について，ある特定の視点に立ってまとめられた時間論（それは多くの場合，空間論を伴っているのだが）の研究でさえ，これまた数多く存在する．したがって，こうした時間論を俯瞰し，それらをすべて咀嚼したようなサーベイ（Survey）研究は[1]，膨大な紙幅が必要とされるため，本書のように，限られた紙幅では不可能であるし，それは本書の目的ではない．

本書の目的の一つは，近世以来，哲学的認識論の側面で主流と考えられている時間の「意識論的」側面と，時間の一般的了解となっている科学的（物理的）な意味での時間について考え，そこに潜む問題を分析し，時間論についての新しい見方や両者の関係を提示することにある．

現代人が普段，時間を知ろうとする場合，時計をみる．この時計をみて時を測るという作業は，ある哲学的時間論の中では，時間の空間化ともいわれる．時計の針や数字の表示の変化を広く物体の運動と見て，時間を物体（あるいは外的対象）の変化に結びつけて理解するのが一般にいう科学的時間論である．

ところで，時間は外的・空間的に理解されるべきではなく，本来的に人間の知覚や意識においてこそ，正しく意味付けられるとする立場がある．この立場の代表ともいえる哲学者がアンリ・ベルクソンである．近世以降主流となった意識論的哲学における時間論は[2]，粗くいえば，こうした立場から時間を解釈してきた．また，科学的時間論をベルクソンが批判する場合などをみれば分かるように，その批判の背景には，近代の哲学者の多くが，時間の起源を人間の意識や心理的要素に還元し，それを科学的時間（物理的時間）と区別するという，ある種の二分法に基づいているということも，また事実ではあるまいか．そして，こうした二分法において，時間の本来性を主張する哲学者と，科学の枠内で時間の基礎について議論する科学者の間に，奇妙な住み分けができてしまっているようである．哲学者は科学で議論される時間論の非本来性を主張しつつ

も，例えば相対性理論についてはほとんど何も知らなくても構わなくなっている．また科学者は哲学者が批判する科学的測定（それは多くの場合我々が日常使用している時計をみるという作業）に関しては，意識論的時間とは全く無関係であることをよく心得ていて，哲学的時間論との接触をあえてもとうとはしない．

　もちろん，こうした区別をことさらかき乱す必要もなく，各々別の学問世界に属する事柄として認めてしまえばいいのではないか，という見方もあろう．しかし，本書では敢えてそういう見方はとらない．というのも，時間は，こうした学問的二分法を許すようなコンパクトな対象ではないからである．哲学の時間論も科学の（物理の）時間論も，世界のあり方のある側面を（双対の一側面として）表現している以上，こうした二分法のどこに問題があるのか，どこに連関性があるのかを探る作業は，今日的状況を鑑みれば無駄ではないであろう．こうした探求は，また，諸学問相互の関係を探る契機にもなるであろう．

　この序章では，まずベルクソンに代表される意識論的時間論を批判的に考察する．次に，カントの時間概念を概観し，ベルクソンの時間論との違いを論じ，その後で，カントの時間論の射程を，特殊相対性理論を考慮に入れて論じる．最後に，量子物理学に登場する時間概念の一端を紹介し，時間概念の広がりを示すことにしたい．

1　空間性と分離した意識論的時間論

　まず，時間の本来性という問題設定について，ベルクソンの時間論を例として挙げ，考えてみたい．ベルクソンが『時間と自由』（1889年）において，独自の時間論を構築したことはよく知られている．ベルクソンによる時間の「本来性」へのアクセスは，周知のように二つの過程を経ている．一つは，時間の等質化への批判である．時間の絶対的等質性という性質は，世界からの質的排除をもたらすが，これは，人間という知的生命体において現れる規定にすぎない．それにも拘わらず，こうした空間の規定に潜む等質化を時間にもち込むところ

から問題が発生する，とベルクソンは考えている．したがって，二つ目として，時間が等質的とみられた外的関係を支える空間から派生したとする見方，あるいは，時間が空間へ変容したという見方，を捨てなければならないということになる．意識に直接与えられた事実として時間が語られるべきだ，ということである．本来的に時間それ自体は空間化以前の純粋な意識形態，すなわち「純粋持続」なのである．この「純粋持続」としての時間は，空間化（特に数えるという作業）とともに現れる「言語」をもってしては，その内実が直接把握できないのである[3]．

　中島義道は〈いま〉への問いかけの中で，「現在中心主義」に絡めとられたベルクソンの時間論を批判している[4]．その中で，中島は，ベルクソンが時間間隔と時間の持続性を音と音の間隔（多数性）のアナロジーから理解しようとしたことの問題を指摘する．ベルクソンは，音が数として数えられる事態と時間の持続性とを混同しており，音のアナロジーは，「純粋持続」が外的数多性へ展開するモデルとはなり得ていない，と中島は述べている[5]．「純粋持続」としての時間が，仮に，なんらかの意味で存在すると認めても，音の数を数え上げるという作業は，時間の「純粋持続」性が外延的量として表れる姿を正確に論じることにはつながらない単なるイメージにすぎない，ということである．

　もし我々が正確な体内時計をもっているなら，時間が連続して継起するという意味での（点の）多数性を，意識の内的持続から正しく析出することは可能だろう．しかし，実際我々はそんなことはしていないし，できないのである．だとすれば，ベルクソンがいう「純粋持続」は，その存在が可能だとしたところで，果たして時間と呼ばれるべき対象なのだろうか，とも思われる．そもそも時間という概念から，空間性を完全に排除したところに残る持続性は，何に対する持続性なのだろうか．何を基準にしている持続なのであろうか．有機的に一体化した記憶といってみたところで，それが計測できるのは空間化された場合である限り，意識の持続は，なぜ時間と呼ばれなければならないのだろうか．空間的時間が質的となる場合，ベルクソンはもはや持続を測るのではなく，

感じるのだ，という．ベルクソンは規則正しい打音全体が統一的に質として知覚されるという例を挙げている．しかし，どうしてそれが直接意識に与えられたといえるのであろうか．我々が寝ぼけていて，遠くに聞こえる救急車のサイレンと目覚まし時計の音を取り違えることは，よくある錯誤である．寝ぼけ眼で，周囲を見回したとき，自分の身体との関係の中で外的空間把握をしたとき，はじめてその音が時計の音として意識に把捉される．仮に時計が見えない真っ暗な部屋であっても，我々は，聴覚によって，自分の位置と音源の距離を測っている．その時，サイレンと時計の音との質的差異を知るのである．自分が集中してこの原稿を書いているときには時間の経過から意識は遠ざかっている，否，むしろ意識的時間把握を忘れている．その場合，時間の経過を，思ったよりはやく感じるのは，我々が時計をみたその利那ではないだろうか．時計のない，陽も差さない部屋で，時間の「純粋持続」性を，自分の意識の内側のみから測ることなど最初からできない．つねに意識の外側にある空間との関係の中で時間を測っているのである．もちろんベルクソンが当時の自然科学的実証主義や相対性理論に無知だった訳ではなく，それらに通じていたことは，十分，私も承知している．しかし，ベルクソンは結果的に，ある種の「還元」操作を行ってしまったのである．

　こうした意識への「還元」において成立する時間論，あるいは主観的な時間論の議論にみられる共通点は，多くの場合，幾何学的に計量化され，等質化された物理的時間を派生的，二次的とする見方である．ベルクソンは『時間と自由』の結語において，カント批判を行っている．カントは時間を等質的とみなし，それが等質的な形式をとるとき空間となることに気がつかず，これが，カントが自我それ自身（意識としての持続性と解釈できる）と自我の記号表現としての私（現象としてみられた身体としての私と理解できる）を混同してしまった，とベルクソンはいう．しかし，ここに大きな誤解がある．

　カントは最初から，時間の空間化を捨象してはいないしする気もない．むしろカントは空間化を重要な方法とさえ理解している．時間は，むしろ，外的な

世界，ベルクソンの表現を用いれば，「等質化」を無視しては理解できない，とカントは考えているのである．また，意識における持続性はカントにおいて，決して時間にはならない．だから，カントの時間論の中には空間化された時間と意識内的時間の二層構造はなく，また，自我そのもの（統覚）は決して時間のうちにも空間のうちにも捉えられる対象ではないゆえ，最初から混同もあり得ないのである．

2 時間の成立
――直観と概念の連動――

そもそも，漢字表記の時間という言葉は「時」と「間」から構成されているが，それは連続している時の流れに楔を打ち込んで，ある始点とある終点の間（その間の長さは任意）において，その長さを測ることを同時に含意していると思われる．字句の解釈を離れてみても，そもそも連続性を一旦区切るという操作を施さないかぎり[7]，我々は長さを測ることはできないのである．時を知るとは，不断な流れを測る基準点を設定しない限りは不可能な事態である．こうした区切りは，ベルクソンの時間論では，言語，あるいは空間化によって可能となる[8]．

カントの哲学は，哲学史の文脈からみれば，デカルトにはじまるとみられる意識論的認識論の流れに位置付けられるかもしれない．しかし，カントの哲学は，これまたデカルトのそれと同じように，最初から意識に対する外的世界の実在性を意識の中へすべて吸収することはない．この点で，自然科学者の普通の視座は捨てられていない[9]．したがって，その時間論もベルクソンのような意識的持続を本源とする（そこへ還元する）理論ではない．カントが求めた時間とは，端的にいえば，測定可能な「客観的な時間」である．

誤解のないように述べておくと，ここでいう「客観的」というのは「普遍妥当的」という意味を含みこそすれ，時間が人間の認識能力とは別に，絶対的・客観的に実在しているという（ニュートンの時間・空間論のような）意味で，直接

理解されてはならない．しかし，それにも拘わらず，カントが求めたのは，物理学における時間測定にかかわるような時間である．あるいは，ごく普通の日常の生活で，列車の発車時間を我々が確認でき，共通認識を得られる時間である[10]．その意味で，カントがその可能性を求めた時間は，極めて常識的な時間である．言い換えれば，カントは空間化された運動形態を時間として認識する可能性を究明したのである．

　空間化された時間とはいえ，時計の針の動きを時間と理解することを正しく説明するのは決して容易ではない．時間が何らかの物体的対象のように知覚できないにも拘わらず，なぜ時計の動きをみて，そこに時間が流れていると我々は理解できるのだろうか．個々人の意識の純粋な持続から列車の発車時間を設定することは不可能である．カントは，時間の普遍妥当的性格，つまり客観的な時間の成り立ちを，直観と概念の連動によって説明しようとしたのである．

　ベルクソンのいう意識の内的流れに該当するような事態をカントに求めようとすれば，それは，『純粋理性批判』（A1781/B1787）[11]の「超越論的感性論」における「時間概念の形而上学的究明」（B46-B48）及び「時間概念の超越論的究明」（B48-B58）の中の記述に見出せるだろう．カントはここで，時間は経験に由来せず，空間と同じく「純粋直観」（B39）であるとして，時間はあらゆる現象のア・プリオリな主観的条件であると定める．カントは「純粋直観」としての時間・空間を概念（論理学）の外においたが[12]，このことは，時間が直観としてのみ構成され，それが完全に主観的であることを意味しない．また，「純粋直観」に時間の本来性が存在するという見方をカントはとらない．「純粋直観」としての時間は，あくまで，客観的時間把捉の可能性の条件にすぎないのである．つまり，時間の直観は，空間的直観による対象の併置性や概念による推論規則とは異なる時間の固有の流れ・順序（継起）を可能にする条件である．

　カントは，時間は一次元のみを有する，と論じているが（B47），これは，「純粋直観」において時間のイメージを伝えるためのアナロジーである．我々が，時間の流れとして紙に直線を描いてみるのと同じである．その意味で，時間の

表象モデルに，すでに空間の直観を入り込ませている．この点は注目されるべきであろう．この見方はベルクソンの持続とは全く異なるのである．直線を描いたところで，それは単に画であり，時間の空間的イメージを脱しないのではないか，といわれるかもしれない．しかし，その場合，我々は，空間における点のランダムな配置を時間のイメージ画として了解できないのはなぜなのかを，逆に問うてみなければならないだろう．

　ただ，確かにその直線は時間の一次元イメージにすぎない．この直線が，客観的時間規定であり，物理的世界を可能にしている時間であることを示すには，「純粋直観」のみでは不可能である．それを可能にするのは「純粋悟性の図式性」であり，それこそ規則に従ったア・プリオリな時間規定なのである（B176-B187）．この時間規定について，簡単に述べれば，以下のようになる．

　例えば，時計の秒針が動いているとき，その動きを支えている秒針の実在根拠は最初から外部にある．したがって，人間が，その動きを，時計をみるという観察によって制御することは，最初から不可能である．時計の針が早く動いているようにみえるのは，時計の故障でなければ（それが故障かどうかは，複数の時計を併置すれば分かる），知覚の錯誤にすぎない．したがって，カントがいう図式とは，今の場合，実在している時計の空間的運動を，正確な時間，つまり物理的時間に読み替える作業なのである．いわゆる因果性のカテゴリーが図式として登場するとき，「純粋直観」と連動して，時計の空間的運動を，時間としての継起に正しく読み替えるのである（B183）．それゆえ，外部世界，つまり物体の運動を無視して，時間の測定などできないし，[13]最初から時間は測定可能でなければ時間ではない．[14]

　以上のように，カントには，時間の本来性という問題意識はない．むしろ，時間測定を正確に行える人間の認識の構造を問題にしているだけである．[15]カントの時間論は，結局，物理的時間を我々がいかにして把握できるかということを明らかにしようとしているのである．列車の時間に遅れないように，時計の空間的運動を時間に読み替えて駅へ急ぐ我々は，しかし，そういう作業を時間

継起の中で，実は易々と行っている．時間は，私の外側に広がる三次元世界には知覚され得ないにも拘らず，である．しかし，逆に時計をみることなしに，我々は，試験の開始，終了時間を測ることはできないという事実こそ，カントが説明した時間の客観性である．外的運動なくして時間は時間として成立しない，この点はカントの時間論を理解するとき，決して見逃してはならない点である．

もちろん，カントの時間の根拠付けにも，様々な問題がある．例えば，なぜ，「純粋直観」は，外的実在と適合するのか，という問いである．これはカント哲学における認識能力の問題や物自体の位置付けの問題と関係し，認識の由来を問うという，別の意味での本源性を問う課題と関係する．例えばドイツ観念論の哲学者の一人であるシェリングは晩年，カントの直観論批判を物自体との関係において行っている．この点は第Ⅱ部第3章で論じられる．

では以下，カントの時間の構成が，果たして現代の物理理論とどこまで親和性をもつか，という問題を特殊相対性理論にも触れつつ，述べてみたい．

3　古典物理学における時間とカントの時間論

まず，物理学において時間がどのように表示され，あるいは解釈されているかについていうならば，実は空間化という一言で済ませられるほど簡単ではないのである．また，物理学的時間表示が空間的であるから非本来的であって，ベルクソンやハイデガーの時間が本来的であるという見方は，大森荘蔵がかつて語った「重ね描き」[17]という考え方からみてもかなり不満がのこる．時間の非本来性を物理学者に語って批判してみせたところで，それが果たして，我々の綜合的な世界理解に役立つのだろうか．むしろ，物理学者の扱う時間概念との間に何らかのつながりを示すことで，時間の概念の広がりを理解していくほうが，実り多いのではないだろうか．もちろん，大森のいう「死物」としての近代科学の世界観に哲学的時間論を重層的に描くという方法も大切な見方かもしれない．ただ，何が本物で何が偽物かという観点に最初から立った「重ね描き」

に陥ることは，無理解に基づく不毛にすぎない．

　この節では，物理学としての時間の問題を，マクロな対象（知覚可能な対象）を扱う古典物理学，とりわけ古典力学に限る．この場合，古典力学を非相対論的力学に限定せず，特殊相対性理論（以下，特殊相対論と略）へも拡張して考える[18]．

　最初に，ニュートンによって完成された古典力学（非相対論）の時間表示から考えたい．

　科学史的にみると，ニュートン以前，ガリレオが振り子の等時性の法則を発見し，短い時間を正確に測る方法を手に入れたことは，古典物理学の法則化に大きな寄与を果たしたことは重要である．ラグランジュによる解析力学の方法を経て，古典物理学は，今日，ほぼ完成した理論体系を有している．物体の運動（質点の運動）を記述する場合，様々な座標表示が考えられるが，ここでは，最も基本的で標準的な三次元直交座標系（デカルト座標系）での物体の運動を考えておけば十分である．この座標表示で前提になっているのは，空間は一定の位置に固定しておくことができるが，時間は絶えず経過しているという，人間の一般的感覚である．そのため空間と時間は全く異なる概念であると考えられている．

　物体の運動を記述するには任意の時間tにおける物体の位置を$A = (x, y, z)$という三つの成分をもつベクトルAによって定める必要がある．また，このベクトルAの各成分は時間を表すtをパラメータ（変数）としている．したがって，正確には$A = (x(t), y(t), z(t))$と三成分の関数表現で書かれる．また，物体が例えばX座標の正の方向へ速度Vで等速直線運動している場合，物体の運動に対して，物体とともに運動する座標系S'と物体の運動に対して基準となる基準系（固定系）Sを分けなければならない．例えば，SとS'は時間$t = 0$では一致している．そして物体がX軸の正の方向へVの速さで移動している時，一つの物体の位置は二つの座標で二通りに表される．Sでは$A = (x(t), y(t), z(t))$．S'では$A' = (x'(t), y'(t). z'(t))$であり，二つの表示は同じ物体を表現しているから，

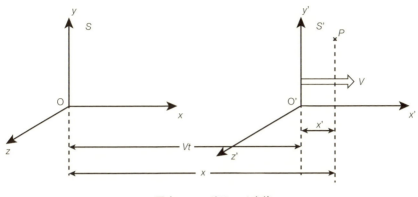

図序-1　ガリレイ変換

ニュートン力学では，$x'(t) = x(t) - Vt$，$y(t)' = y(t)$，$z(t)' = z(t)$，である[19]．この位置座標を一回微分すれば速度，もう一度微分すれば加速度（等速直線運動の場合は0）が表示される．逆に加速度を積分することで速度，もう一度積分することで位置の表示が得られる．こうして，物体の運動学は位置座標の設定をもって進められていく．これがガリレイ変換である（**図序-1**）．

ここで問題にしたいのは，時間の役割である．時間はS，S'の座標表示に関係なく，ともに共通である．これは，時間は座標系の運動とは無関係に一様に流れているという時間の解釈を前提にしている．さらに加えるなら，時間パラメータtは実数である．実数は，計量可能な連続（非可算無限）濃度をもつ数である．もっとも，連続濃度をもつ数なら，より濃い濃度をもつ数はいくらでも構成できる．あるいは，複素数であってもよい．しかし，実数は計量（長さを測ること）が比較的簡単に可能で[20]，さらに一次元的表示が，つまり時間が一方向へ経過していくという空間表象が，時間に対してもっている我々の感覚となじみやすい．

ところで，我々は，どうして時間を一次元的直線として感じてしまう傾向にあるのか．この疑問について，ベルクソンのいうように，意識の持続が空間化されるとき一次元的になる，とみるならば，古典物理学的時間との連関，ある

いは我々の日常的時間把捉の問題との連関は得られそうである．しかし，それは時間イメージを意識レベルに還元しただけであり，やはり，次のような疑問は残る．すなわち，繰り返しになるが，持続という観念自体（表象）が，なぜ，空間的描像と無関係なところで成立するのか．あるいは，仮に，持続が一次元的な時間表示と関係があるとしても（一次元的時間表示に矮小化していくにしても），なぜ持続が一次元的にならざるを得ないのか．こうしたことについては，ここでは問題として残し，もう少し，古典物理学の時間表示について考えよう．

　時間は実数で表示されるが，ここにはもう一つ重要な点が指摘される．古典物理学（後の特殊相対論でも同様）では，時間が不連続性をもたないということと，時間パラメータによる微積分が可能な運動形態とが，ほとんど同一視されているのである．この点は，あまり強調されないが，数学として見た場合，微積分のパラメータが連続であることと，それをパラメータにもつ関数が連続であることは同じではない．例えば，ある物体が地上から上向き45度で発射され，自然落下ではなく，外力が加わって，いきなり垂直に落下する運動を写し取った関数を構成することは可能である．実際，そういう運動は現実には（近似的に）ありうるだろう．[21] 外力が加わっていきなり運動形態が変わる場所は，微分不可能である．だからといって，ある物体が，微分不可能な場所においてテレポーテーションのように，ある瞬間消えて，ある瞬間現れる，ということはない．だから，運動は連続しているとみなすのである．

　だが，極端な例だが，次のような関数を考えてみたらどうだろうか．リーマン積分不可能なディリクレ関数といわれる関数 $x(t) = \lim_m \lim_n [cos^{2n}(m!\pi t)]$ [22] は，実数上いたるところで不連続である．こういう関数を古典物理学上の運動学のモデルとして考えてもほとんど意味がない．t がわずかに変化するとともに，物体は，人間の知覚に対して，ある時，高さ１の位置に存在し，ある時，０の位置に存在する．人間の知覚では，実数直線状稠密に存在する可算無限の有理数と非可算無限の無理数を分別できないから，その運動もいたるところ上下運動を繰り返すが，それは連続的変化ではない．これは極端な例であるが，

実際，古典物理学においてルベーグ積分が使われることが殆どなく，また，実際，リーマン積分の範囲で古典物理学は十分説明できることを考えると，運動の形態が（部分的不連続性は除いて），つまり位置関数（位置ベクトル）の軌道が，連続であると前提されているのである．古典物理学において「自然は飛躍しない」といわれ，それが量子物理学との間に大きな差異を生む理由もここにある．

　この連続性については，特殊相対論になっても基本的に変わらない．ここでは，慣性座標系の間に成立する特殊相対性理論の理論構成について簡単に触れる．特殊相対論は，すべての慣性系で物理法則は同じ形で記述される，という特殊相対性原理に基づいているが，すべての慣性系で同じ形に物理法則が記述されるという点に限れば，ニュートン物理学，とくにガリレイ変換の議論と全く同じである[24]．違いは，運動する物体の速さを光速にまで一般化しただけである．しかし，その結果，座標表示に時間のパラメータが加わり，さらに座標が異なると，時間の表示が異なることになった．先の座標系を相対論として書きなおしてみよう．

　Sで$A = (t, x, y, z)$，S'で$A' = (t', x', y', z')$とした場合，SとS'が一致している場合は，$t = t'$であり，ガリレイ変換に時間座標を加えたにすぎない．だが，物体が，例えば，X軸の正方向へ運動が開始された瞬間に，ガリレイ変換と異なる事態が生じる．SとS'の表示はローレンツ変換によって連結され，ガリレイ変換は，ローレンツ変換からみた時の近似変換になる．光速に比べて物体の運動が遅いときの近似がガリレイ変換である（**図序-2**）．

　特殊相対論にとって，時間が位置座標と同じ位置へ押し上げられた点は極めて重要である．位置座標と時間座標は常に相互依存的なのである．相対論の座標表示は四次元時空といわれるが，時間パラメータは，位置座標を規定しており，位置座標が時間座標を規定する．例えば，S'のx'は$x' = \dfrac{x - Vt}{\sqrt{1 - V^2/c^2}}$であるから，$x'$は$S$の時間，空間座標に依存していることになる．これは時間座標についても同じである．したがって，AとA'を，相互に独立して語ることが最初から意味を失っていることを意味する．ガリレイ変換の観点から，「時空」という表

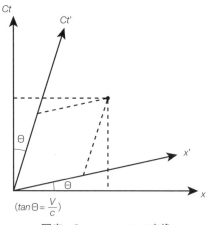

図序-2　ローレンツ変換

現を使うとき，時間と空間は分けられているという前提に我々は立っている．ところが，特殊相対論で便宜上，座標表示において「時空」という表現を使用していても，時間と空間は相互に依存的だから，特殊相対論においては，時空は最初から「融合」[25]しているといわざるを得ない．

　また，座標系をとるという操作は，特殊相対論を論じるときは絶対的な優先事項ではないのである．物体の運動は，ローレンツ変換を可能にしている世界（ミンコフスキー世界といわれる）の中で，後から構成することが可能であり，むしろ，時空座標による表示は，ガリレイ変換からみた一般化という過程において現れる「分かりやすさ」のための表示にすぎない．言い換えれば，ガリレイ変換則は，我々の日常の身体的な視点からみられた「現象」を記述した，極めてプリミティブ（素朴）な法則である．我々が時間のイメージを一次元的にみるということは，我々にとっての素朴な知覚的現象が最初から前提されていることと無関係ではないのである．

　ローレンツ変換によって結ばれる無数の座標系をア・プリオリに時間と空間に分けてみてしまうのは，決して正しい，そして唯一の見方とはいえない．時間と空間を分けて記述するというニュートン力学的な眺望を絶対視すると，特

殊相対論は正しく理解できない．時空は常に分かちがたく結合している，という言い方しかできないのである．その限りで時空の融合を時間と空間に分節化している原因は，実は，対象世界にあるというより，我々の側にあるということになる．ただ，ここで注意しなければならないことがある．それは，時空の分節化が我々の側にあるといったからといって，それを即座にベルクソン的意識論に還元することには慎重でなければならないという点である．ここでいう「我々の側」というのは主観的（経験的）意識のことを指しているのではない．そうではなく，相対論の原理に従う限り，身体という局所的な座標系（Local system）を指しているのである．無数にある局所的時空において，時空の分節化が事後的に表れる事態をここで指摘したいのであり，時間意識が空間に先立つといったような本源性の問題を最初から仮定していたのでは，結局，我々は，空間性と分離された意識論的時間論となんら変わらない答えしか見出せないであろう．

　ここで，カントの時間論との関係を考えてみよう．カントの時間論においては，時間は外的空間の運動と同伴して構成される客観的時間であった．ところで，時間は空間的要素をもっている限り，カントの時間構成は，やはり，正味，ニュートン的時間・空間論（ガリレイ変換）を前提にしているといわざるを得ないだろう．もちろん，ニュートンの力学の三法則とカントのそれが異なるという事実や[26]，絶対空間に対してカントが否定的であったという問題[27]，などはカント研究において重要な問題である．また「純粋直観」における非ユークリッド幾何学との関係など，論理的に再考可能な問題もある[28]．だが，時間と空間という問題を，特殊相対論のレベルまで一般化して論じた場合，カントの時間の構成は，外的運動の変化を，つまり物体の空間的配置の変化を，時間の継起に読み替えている点からみて，非相対論的な物体論においてのみ意味をもつのである．相対論との結節点を見出だそうとすれば，人間の認識構造において，時空がいかに分離して語られるのかという一種の時空の観測理論を精緻に語らねばならないだろう．特殊相対論はマクロな理論であるため，この後論じる量子物

理学のような観測の問題は引き起こされないように思われるが，我々は，常に，世界を，時空構造の中で，時間と空間を座標表示において分節化して理解している．こういう分節化が，どういったレベルで，どのように引き起こされているかを語らなければ，実は，時空の直観構造と外的世界の関係は，正しく深く理解できない[29]．ただ，もちろん我々は，空間中の物体の変位を時間によるとみなすメカニズムについて，カントの時間論の解釈の中で正しく理解しておく必要がある．また，カントが，時間の構成を当時の自然科学との関係の中でかなり整合的に紡ぎだしていた，ということは認められなければならないだろう．

　もう一つ，カントの直観の問題について簡単に触れておきたい．少なくとも，特殊相対論のレベルにおいては，カントの「純粋直観」が，座標変換の問題と連動しているとみることには無理があるだろう[30]．自分の身体を軸とした慣性座標系と他の対象物の慣性座標系とを同等にみるという特殊相対論の議論を踏まえると，カント哲学には，こうした相対論的な議論，つまり自分の身体を軸とした運動とそれ以外の座標系の物体の運動とのズレの議論はない．また，「純粋直観」の数多性とそれら相互のズレも議論されていない．それゆえ，カントの時間は経験的世界全体を一つの時間によって統一的にみる[31]，という大域的時間直観論に基づいており，時間の局所性を認めないからこそ「純粋直観」を重要な認識装置とできた，と考えざるを得ない[32]．

　最後に，時間概念をより深く考察するため，量子論の議論に進もう．

4　量子物理学における時間概念の広がり

　古典物理学においては，ある程度，常識的に解釈され，統一的見解のある時間の問題も，ミクロな世界を扱う量子物理学においては，いまだ，統一的見解がない．今日，様々な量子物理学のテキストがあり，時間の表示は古典物理学と同じように t でなされているではないか，と詫られるかもしれない．しかし，第Ⅳ部で論じるように，こうした表示は，古典物理学のように理解できない複

雑な様相を呈している.

　まず，量子物理学で理解される時間表示は，どういった相で語られるのか，触れておきたい．最も簡単なモデルである，ミクロな一体（一粒子）の振る舞いを非相対論的に記述するシュレディンガー方程式を例にとって考えてみたい．シュレディンガー方程式は，みかけは偏微分方程式であり，微分作用素などが作用する対象は「波動関数」といわれる．波動関数といういい方は，周知のように，歴史的誤解の名残であり，音波などの実在波，つまり，実際にこの三次元空間を振動して伝わる波を表現しているわけではない[33]．本来は，「状態関数」とよばれるべきである[34]．電磁波や光波も古典としては実在波であるが，人間の感覚では捉えられないため特殊な器具を使用せざるを得ないが，音の波や水辺の波ならば，実際に感覚できる．こうしたレベルの波はすべて古典物理学の対象である．音波が空気の振動として3秒後に音源から1キロ近いところに立つ我々に届いている，という場合，そこで理解される時間はニュートン力学による物体の運動と本質的に変わらない.

　ところが，状態関数は，ある時間に対象物がどのあたりにあるかを示す確率を表しているに過ぎない．今，力学量xを対象の位置とする．M.ボルンは，状態関数を物理的に意味付けた．状態関数$\Psi(x, t)$に関して，状態関数は複素数の値をとり，自分との共役量の平方で示されることによって，ある時間tに，例えば電子の位置測定を行うと，電子の位置が確率表示されるのである．つまり，ある物体が$(x, x+dx)$に値をとる確率は$|\Psi(x, t)|^2 dx$である．またx全体では$\int |\Psi(x, t)|^2 dx = 1$となる.

　ここに多くの誤解があるように見受けられる．この状態関数のパラメータとなっているxやtは，古典物理的意味を本来もっている必要はない．一体の問題では実空間の古典的粒子のイメージで理解してもあまり大きな問題を引き起こさない．しかし，多体問題や場の理論にまでこの実在波のイメージをもつことは許されない[35]．つまり，時空の各点に状態関数が値をもっているのではないのである．それにも拘わらず，パラメータ時間tを，我々が，時計で測る時間

に読み替えて（すり替えて）理解しているにすぎない．確率的な対象のパラメータである時間 t は，実時空の次元をもつ必要さえないかもしれない[36]．今，この時間を古典物理的時間，すなわち，時計が測っている時間 t と同一視してみよう．その場合，この時間は，我々が，対象の挙動を観測量といわれる自己共役作用素（self-adjoint operator）によって測るとき，外側から挿入する時間，つまり，あくまで，観測を外からみている時間を表している，ということになろう[37]．だとすると，我々は，いつまでたっても，量子系内部の時間をみていない（表現していない）ことになる[38]．

　量子物理学では，古典物理学ではテーマにならなかった時間の意味付けの問題が観測の問題と相俟って登場した．世界を構成する素粒子を我々は直接観測することができない．対象を観測するという操作事態が，当該の対象物に原理的に「擾乱」を引き起こすからである．したがって，観測装置（我々の知覚レベル）において眺められている世界の描像は，ミクロの対象がそのままの形，つまり観測以前の形で集合した描像であるとみる見方には慎重でなければならない．裏を返すと，古典的物理学の世界は，我々の観測（知覚）と無関係に存在している世界だという見方をもはや素朴にはとれなくなった，ということである[39]．

　ただ，ミクロ世界を本来的であり，マクロ世界を非本来的であると考えてしまうことにも，我々は慎重にならねばならない．というのは，そもそも，ミクロ世界の現象を，それ自体として整合的に語る言葉を，我々は，日常的な言語・論理のレベルでもちあわせていないからである．むしろ，ミクロ世界がマクロ世界のレベルで幾分か捉えられたとき，そこに生じる言語・論理の不整合さから，ミクロ世界の対象の振る舞いを推測しなければならないのである[40]．このミクロとマクロの不整合性を，どのように理解するかが，量子物理学における観測の問題の課題であり，我々の認識構造や言語，論理の構造に今なお反省を強いている．

　この観測の問題で，我々が今のところ信頼できる言語としているのは，数学の言葉である．数学的抽象性なくして，少なくとも，ミクロ世界の内部構造は

（完全ではなくとも）正しく理解できない．例えば，上で述べたように，ヒルベルト空間は実空間を表現しているのではない（完備な）無限次元ベクトル空間である．また，観測という作業に相当するのが自己共役作用素である[41]．観測と量子物理学が関わる時間概念については第Ⅳ部で論じたいが，量子物理学のレベルにおいては，時間の作用素とその作用素から導かれるスペクトル（スカラー量）との関係が重要であり，最初から時間パラメータを実数として設定することが果たして普遍的な設定なのか，という問いを残して，終わりたい．

おわりに
──積み残された問題──

この序章では，まず第一段階として，ベルクソンをモデルにとり，近代哲学の典型的な形である（主観的）意識論において時間を語る方法から出発し，そこにある問題点を指摘した．次に，時代は遡るが，カントの時間論を論じることで哲学的時間論と古典物理学的時間論の関係を探ろう試みた．第二段階として，古典物理学のうち特殊相対論へ話をすすめた．ここで，カントの時間論の射程を考えた．

さらに，量子物理学の領域へ足を踏み入れた．我々が知覚している世界を記述している古典物理的な世界と異なり，量子論的世界は知覚にとって直接到達不可能である．それは観測を通じて明らかにされざるを得ないのであり，そのため時間の解釈は（空間の解釈とともに）極めて難しい．

結局，規定不可能な意識論的時間から出発し，直接規定不可能な量子論的対象にかかわる時間へ至ったのだから，時間の「本性」は不可知であり，量子論的時間も（例えばノイマン流の観測問題の議論を顧慮すれば）[42]，意識論的時間と大して変わりがないと思われるかもしれない．しかし，私は，時間の「不可知論」を論じるために議論を進めたのではない．

そもそも古典哲学（歴史的哲学）の議論の枠内で自己完結してしまうような時

間論に私は最初から懐疑的である．本章中でも述べたが，私が何事かに集中していて時間の経過をはやく感じることがある．しかし，それが「はやい」と感じられるのは，周囲の環境との差異である．部屋が暗くなっている，3時だと思ったら4時だった，などと．それゆえ，意識の持続こそが時間の本来的姿であるとする見方には，私は以前から納得ができなかった．また，なぜ，それが時間なのか理解できないのである．その点からみると，カントの時間の考察は，私には，かなり納得がいくのである．我々の「純粋直観」は時間そのものを可能とする装置ではあるが，それだけで，時間が現実化するわけではない．空間的運動との共働の中で，可能的時間構造が時間を紡ぐのである．だが，カントの時間論のアキレス腱は，我々の知覚が及ぶこの三次元時空，もう少し抽象化すれば，身体を中心にしたガリレイ変換の世界でしか正味には意味をもち得ないという点である．

　量子物理学に移ると，再び，我々は，時間の規定の難しさの問題に舞い戻ってしまった．観測の問題を無視した時間論は，もはや今日構築できない．その限り，時間の本来性という問い自体，量子物理学においては（我々とは無関係という意味において）超越的問いとしては成立し得ないように思われる．むしろ，我々は，時間の本来性という問題設定自体が仮象ではないのか，と考えねばならないのかもしれない．時間の本来性の枠組みを設定したところで，それが我々に，なんらかの形で知られる経路を確保しない限り，それが時間であるか（時間になるか）どうかさえ正しく言明できないであろう．

　時間論には，哲学史的な観点，科学基礎論的な観点，数学的無限論や時間論理の問題など，議論すべき視点はそれこそ無数にある．そうした綜合的研究を通じてさえ，おそらく，時間の存在性格は簡単には定義できないであろう．今日の物理学と歴史的な哲学の時間論との関係でさえ，極めて難しい問題が存在している．時間は，我々がもっている言語，世界観の限りを尽くさないとみえてこない全体なのだ，と思われるのである．少なくとも，時間を深く論じるためにはフィジカとメタフィジカのアイディアを双対的にみることは今後必要で

序章　哲学と物理学の時間概念を論じるにあたって　　21

ある.

注
1) 例えば，科学哲学的な時間論の問題を整理したテキストとして，グリューンバウムの
　　[16] は有名である.
2) 哲学史の側面からみれば，こうした意識への偏重は，『イデーン』において「意識に
　　直接与えられる本質」に立ち返ることを「事象そのものへ」という標語で示したフッ
　　サールにもみられるだろう. ただ，純粋意識に与えられる本質が，「私」から「相互
　　主観性」へ移行する難しさをフッサールは理解していた. つまり，科学の歴然とした
　　客観性との整合性を，フッサールは，後期，世界の先所与性Die Vorgegebenheitとい
　　う概念を考える中で模索した点で，ベルクソンとは異なる点もある. しかし，時間の
　　構成を，意識の問題にもち込み，計量化される空間を副次的，派生的な性格としてし
　　まったことについては，軌を一にしているだろう. ハイデガーに至っては，『存在と
　　時間』にみられるように，時間は人間の存在形式と不可分であり，したがって，時間
　　の本来性への問いは科学の言語とほとんど無縁である. 例えば，実存の先駆的決意性
　　Die vorläufende Entschlossenheitが未来を招き寄せる，という類の表現にみられるよ
　　うに，時間は実存の根源的あり方として規定される. こうした解釈の遠因は，後でみ
　　るカントの「純粋直観」の創造的誤解にあるように思われる.
3) 以上の概要は [15] の第二章を参照のこと. 周知のように，「意識に直接与えられた
　　ものについての試論」が原題である. ベルクソンの時間論は内観主義をとる当時の心
　　理学と無関係に議論できない.
4) [11] の第一章，参照のこと.
5) [11] の59～67ページ，参照のこと.
6) [15] の邦訳，265～277ページ，参照のこと.
7) こうした「区切り」の議論は，デデキント切断など，実数的な連続性の問題を含むと，
　　厳密には，近似にかかわる一般位相（トポロジー）の問題を考慮に入れなければなら
　　ない.
8) [15] の邦訳，94ページを参照のこと.
9) この点が，バークリやショーペンハウアー哲学と決定的に異なる，カントの超越論的
　　観念論の重要な一側面である.
10) この際，当時の発達してきた時間測定学は無視できない. カントと同時代のJ.ランベ
　　ルトなどは，この時間測定学を基本的学問とみなしている.
11) [17] のA版は第一版，Bは第二版を表す. 以下，参考箇所は，B版で統一する.
12) 直観を概念の外へ置いたのには，新たな形而上学の基礎付けとして，ア・プリオリな
　　綜合的命題の可能性を探るという重要な理由もある. カント『プロレゴメナ』(1783年)
　　を参照のこと.
13) それゆえ，カントは自分の哲学を経験的実在論であるといっている.
14) カントが「純粋直観」においてニュートンの絶対空間・絶対時間を認めたかどうかと
　　いう問いに対しては，否，といわざるをえない. というのもニュートンの絶対時間・
　　絶対時間は，数学的構成物であり，物体運動に左右されない存在としてニュートンが

仮定した枠組みであるからである．この絶対時間・絶対時間においては，原理的には，物体の運動は語れない．

15）これが，カントのいう「超越論的観念論」の立場にあたる．

16）もちろん，天体の動きを近似的には時計のかわりにできる．

17）［4］の175ページを参照のこと．

18）いうまでもなく，後で述べる量子物理学に対して，相対性理論は古典論に分類される．

19）この変換法則は一般に「ガリレイ変換」といわれる．例えば，［12］を参照．

20）数学の問題としては，先に触れたように位相の問題も考慮しなければならない．ただ，実数は完備（その中へ点列が必ず収束する）で，局所コンパクトなハウスドルフ空間なので，扱いやすい．

21）フーリエ級数を使えば，この程度の不連続関数（運動）は微分可能な曲線で近似できる．

22）$x(t) = 1$，（tが有理数），$x(t) = 0$，（tが無理数）

23）実際，ルベーグ積分は，関数解析（特に，ヒルベルト空間論）とともに量子物理学で使用される．

24）特殊相対論の基本は，例えば［12］を参照のこと．

25）「融合」という表現については，［1］の，357〜358ページを参考にした．

26）［14］の第1部，あるいは［10］の175〜177ページ，を参照のこと．

27）［2］の140〜142ページ，参照のこと．

28）［8］の100〜144ページ，を参照のこと．

29）ここで，補足しておくが，私は，内的—外的世界の二分法を絶対視しているわけではない．もちろん，第三の構造（言語や論理）にも注目すべきでもあろう．ただ，本章ではカント，ベルクソンを主に議論のモデルとしているため，内的−外的モデルをあえてとっているのである．

30）つまり，直観が座標系によって多様性をもつ局所的性質を有しているということは簡単にはいえないということ．

31）［14］の195ページ，参照のこと．

32）時間が直観によって可能となるという見方はとらなかったが，カントと同時代のJ.ランベルトには無数の座標系を同等に扱う世界観があるように見受けられる

33）［9］を参照．

34）最初から実在波を意味しない関数（ベクトル）を要請するより，我々の対象への観測という関与を前提とする「代数的量子力学」の立場もあるが，議論が複雑になるため省略する．［5］など参照．

35）［9］を参照．

36）［6］の12ページ，参照のこと

37）数学としては「線形半群論」として理解される．

38）状態関数が確率的対象であるから，確率の挙動を時間経過とともに考える量子的確率過程などの試みもなされているが，ここでは論じられない．［13］などを参照．

39）こうした問題に関しては第Ⅳ部で論じるが，概要については，［7］が大変分かりやすい．

序章　哲学と物理学の時間概念を論じるにあたって　23

40）［5］に描かれている哲学は重要である．

41）なぜ，これら数学的対象が，物理的操作と対応しているのかについての議論は簡単ではないため，ここでは省略せざるを得ない．［3］の「第Ⅶ部」などを参照のこと．

42）この点については，第Ⅳ部で論じる．

参考文献

[1]　新井朝雄『物理現象の数学的諸原理――現代数理物理学入門――』，共立出版，2003年．

[2]　犬竹正幸『カントの批判哲学と自然科学――「自然科学の形而上学的原理」の研究――』，創文社，2011年．

[3]　『岩波講座　現代物理学の基礎［第二版］量子力学　Ⅱ』，1978年．

[4]　大森荘蔵『知の構築とその呪縛』，筑摩書房（ちくま学芸文庫），1994年．

[5]　小嶋泉『量子場とミクロ・マクロ双対性』（量子数理シリーズ　4），丸善出版，2013年．

[6]　佐藤文隆「いま，量子力学とは？」『別冊・数理科学　量子の新世紀――量子論のパラダイムとミステリーの交錯――』サイエンス社，2006年．

[7]　高林武彦『量子力学――観測と解釈問題――』（保江邦夫 編），海鳴社，2001年．

[8]　田山令史「空間と幾何学」『現代カント研究4　自然哲学とその射程』（カント研究会・松山寿一・犬竹正幸 編），晃洋書房，1993年．

[9]　朝永振一郎『量子力学　2［第二版］』，みすず書房，1997年．

[10]　中島義道「カントと運動の第2法則」『科学史研究』（日本科学史学会 編　第2期　第17巻）No. 127，岩波書店，1978年．

[11]　中島義道『時間論』，筑摩書房（ちくま学芸文庫），2002年．

[12]　中野董夫『物理入門コース　9　相対性理論』，岩波書店，1984．

[13]　並木美喜雄「量子力学の発展――試行錯誤の歴史と将来展望――」『別冊・数理科学　量子の新世紀――量子論のパラダイムとミステリーの交錯――』サイエンス社，2006年．

[14]　山本道雄『カントとその時代――ドイツ啓蒙思想の一潮流――』，晃洋書房，2008年．

[15]　Henri Bergson, *Essai sur les données immédiates de la Conscience*, 1899，ベルクソン『時間と自由』（中村文郎 訳），岩波書房（岩波文庫），2001年．

[16]　A. Grünbaum, *Philosophical problems of space and time*, second edi. Boston, 1973．

[17]　Immanuel Kant, *Kritik der reinen Vernunft*, A1781/B1787，カント『純粋理性批判』（高峯一愚 訳），河出書房新社（『世界の大思想』所収），1965年．

第Ⅰ部

物理学と哲学の時間概念をめぐる問い

第1章　物理学の時間表示の起源

概　要

　この章では，現代物理学の中で，普通に扱われている時間パラメータ（例えば t；tは実数）が，実は決して歴史上当たり前の事柄ではなかったことを考察する．古代ギリシアから中世にかけて様々な時間論が存在したが，時間論の学問的起源はアリストテレスにあり，アリストテレスによるやや曖昧な時間の定義が，中世を通じて精緻化されていったとみることが出来る．アリストテレスには，外的対象との関係で理解される時間論，精神との関係で理解される時間論があり，前者に関しても，時間を（離散的な）数との関係で理解される場合（これが一般的に理解されているアリストテレスの時間論だが），連続的に理解される場合がある．

　中世末期，イギリスのマートン学派が「質」を数学を使って記述する方法を考え出し，それがフランスのパリ学派の一人オレームによって図式化へともたらされる．そこに測度としての時間表記が生まれる．

Keywords：ニコル・オレームの運動学，マートン学派，
　　　　　　ガリレオ・ガリレイ

はじめに

　ニコル・オレーム Nicole Oresme（1323年頃-1382年）はフランスに生まれた中世末期の司教であり，自然哲学の領域において先進的な業績を残した．天動説を支持したが，地動説への反論に関しても多くの問題があることを論じた『天体・地球論 Le livre du ciel et du monde』（1377年）は有名である．彼はアリス[1]

トテレスの政治学，倫理学関係のテキストをラテン語からフランス語に訳すなど，世俗化しつつあった当時のフランスの読書人に多くの影響を与えた．同時に彼が生きた14世紀という時代の制約も考え併せる必要があるが，このことは，彼が自分の研究成果をどの適度適切に自己評価できたか，あるいは周囲が評価し得たかという問題とも関わる．[2)]

　本章は，ヨーロッパの中世末期に生じた運動学の変化に着目しつつ，今日みられるような時間のパラメータ的位置付けの発生を考察する．もう少し具体的に述べれば，その時間のパラメータ化にはどのような時代的な要求や形而上学の変化があったのかを考えることにある．もちろん中世末期の自然哲学を考えることは，同時に，ルネサンス期を含めた近世初頭の自然科学の勃興との関係を射程に入れなければならない．科学史家の間で意見が分かれているが，パリ学派やイギリスのマートン学派とそれ以降の自然哲学，とりわけガリレイのそれとの間につながりあったのかなかったのかは重要な問題であるが，こうした問題は，今日まで連綿と続く近代物理学における時間表示の形態を考える上でも極めて重大な問題を提供するであろう．というのも今日の我々は物理学者の多くも含めて，時間が t と表示されることを当たり前と認識し，それが日常の感覚に沿うこととして，あまり疑わないからである．

　中世末期に至る時間の問題の歴史的経緯そのものを本章において主題とすることは，紙幅の問題も含めて不可能であり，極めて重大なテーマとして別に考えなければならない．したがって本章では，こうした歴史的経緯に関する議論は，適宜概括的にまとめつつ，第2節以降でオレームの業績，特にその運動学における時間について検討を加える．そして最後にその後の自然哲学・自然科学における時間表示の影響について触れたい．

1　歴史的経緯

　時間表示の起源を考えるとき，その源に関してどこまで遡れるかについては

議論が分かれるところであろうが，スコラの自然哲学が規範とした学問がアリストテレスの自然学であった点をまずは踏まえなければならない．そうはいってもアリストテレスの自然学全般を考慮に入れた議論は，本章のテーマからみても不必要である．そこで，ここでは，物理的時間論と密接な関係がある物体の運動論の話を中心にすすめたい．

ところでアリストレテスやその師プラトンの時間論に関してはすでに多くの研究がある[3]．『ティマイオス』で論じられている時間を近世以降の意味で理解することは多くの誤解を招く恐れがあるだろう．プラトンの場合には，天体の運動と関係した（暦に関係した）時間生成であり，デカルト以降の実体・属性論や物体の動力学が確立していく時期に生じてきた運動の可能性の条件などから時間を順序や継起，持続として理解することには無理がある[4]．時間の生成 genesis という観点からみるなら，プラトンの時間（と空間）はイデア界の写しである現象界を可能にするために存在するイデア界と現象界の中間に位置する関係項とでもいわれるべきであり，アリストテレスの場合，時間とは，『自然学』「第4巻」第11章（219b）[5]で論じられている，「前と後に関しての運動の数」であり，いわゆる外的運動を時間と読み替える作業という点では[6]，プラトンを引き継いでいる[7]．おそらくこうした時間論の様子が変化するのはプロティノスやアウグスティヌス以降であろう．プロティノスが『エンネアデス』「Ⅲ-7」で論じている，状態間の変化する運動を魂と関連付ける議論やアウグスティヌス『告白』「第11巻」での魂と時間の三つの相の議論は，時間をより抽象的で知性的な対象とし，人間の認識の問題として捉える先駆けとしても興味深いだろう[8]．こうした時間概念を現代の我々が表記する t として，一様な時間として即座に捉えることは大きな誤りである．その点を中世の運動論の話から始めたい．

リンドバーグの整理に従えば，アリストテレスの運動論（キネーシス）はいわゆる「位置運動」論であり[9]，この位置運動は4種類の変化概念（生成・消滅，質的変化，増大・減少，位置運動）の一つに過ぎなかった[10]．しかし，位置運動は，17

世紀までに，アリストテレスの自然学の内部でもかつてなかったほど中心的位置を与えられた[11]．またアリストテレスにおいては，運動を引き起こす原因に関して，自然本性論である内的原因論（目的論）と外的原因論が曖昧な形で並立していた上に[12]，速さを一義的に（あるいは量的に）理解できるような定義もされていなかった[13]．そのため運動をどう理解するかについては，スコラ期を通じて多くの議論がなされた．形相と質料を分離し，「流れる形相forma fluens」という概念を立てる見解では，運動と運動体とは区別できず，運動体が占有する場所の移動が運動であるとされる[14]．この見解では運動は場所からある場所への物体の移動過程である．これは，思考や論理の経済性を説いたウィリアム・オッカムによって支持される．これと似ているが，流れる形相の特徴に加えて，運動体に「内在するもの」を仮定する「形相の流れfluxus formae」という見解があり，これは，ジャン・ビュリダン（ヨハンス・ブリタヌス）によって支持される．ビュリダンは，物体の運動に関して位置変化を伴わなくとも運動をしているコマや臼を例に挙げ，「インペトゥスimpetus」なる物体に刻み込まれる力を仮定した[15]．トマス・アクィナスは形相と質料を分離することを拒んだが，ビュリダンのインペトゥスが「質料の量」に速さを乗じたものであったことを考慮すれば，トマスのような説が異様であったわけでもない．形相を質料より優先する見方は，トマスと同時代のボナヴェントゥラの種子的原理にもみられるが，こうした見解が先の「流れる形相」や「形相の流れ」と何らか関係するかどうかについては，今後の研究が俟たれる[16]．

この時代，運動学（運動の現象を時間と空間の側面から述する）と動力学（原因と力を論じる）に区別を設けたのは，13世紀のジェラール（Gerard of Brussel）の『運動についての書Liber de motu』であるといわれているが[17]，そもそも，アリストテレスの運動学批判や一様運動を量的に記述する試みは，アリストテレスより1世紀後にはなされていたようである[18]．ただ，速さの概念は曖昧なままにとどまっていた[19]．

こうした歴史を踏まえて，我々は，オレームに連なるイギリスのマートン学

派にいきつく．マートン学派とは，オックスフォードのマートン・カレッジ Merton Collegeと関係をもつ14世紀の学者の一群（1325年から1350年の間）であり，トマス・ブラドワディーンやリチャード・スワインヘッドが有名である．[20] 彼らはジェラールの仕事を前に進め，動力学と運動学の区別を前提し，「速度（一様運動）」と「瞬間速度（非一様運動）」を，大きさが指定できる数学的概念として取り扱う．[21] リンドバーグが指摘するところによれば，速さとは抽象的な概念であり，「それは運動体を観察する人に否応なしに立ち現われてくるものではなく，現象に押しつけられねばならないものである」[22] とされ，その前提として，中世の形相の変化，強弱という性質が位置運動に特化されて考察された．[23] 運動という性質の強弱（強度）を，ある種の比例に基づいて，数値で示すこと，例えば，同じ温度の二つの対象があり，その一方が他方の2倍の大きさなら，大きい方は他方に対して熱に関しては2倍をもっている，というような分析を行うのである．このマートン学派の数学の営みは，よくいわれるように，「想像にしたがってsecundum imaginationen」行われたといわれたとされる．[24] この想像の問題に関しては，また後で触れたいが，いずれにせよ，スワインヘッドらの営みが大陸に伝えられ，マートン学派の数学の言葉に頼る分析が，幾何学的図表の上に載せられたとき，新しい展開が始まる．[25] そこに，オレームが登場する．[26] オレームは，したがって，マートン学派が用意していた（質的な言葉のみならず）量的な言葉で変換する運動学の議論を，幾何学的な表示へと前進させたことになる．[27] 次節以降で，オレームの運動学を考察することで，時間の問題に迫りたい．

2　オレームの新しい方法と時間（1）

オレームの生涯や業績については，すでに多くの研究があるのでここではいちいち触れない．[28] オレームにはイギリスの新しい運動学や計算学の影響，ビュリダンからの影響は明らかに認められる．オレームは，結果的に天動説の立場

32　第Ⅰ部　物理学と哲学の時間概念をめぐる問い

をとったが，地動説を合理的な理由から不可能でもないし，簡単に否定される
学説でないと考えていたこと，また，明証的な議論を重んじるオレームにとっ
て，後にルネッサンス期に盛んになる占星術に関して批判をしている点も見逃
せない．前節の最後で触れたスワインヘッドとの関係でいえば，13世紀に質の
強度変化を示すために空間的な加法性と幾何学的表記を可能とする「幅
latitudo」の概念が導入され，それが医学などで健康の度合いを示すといった
役割に用いられたが，この幅に運動や希薄濃度の幅を導入したのがスワイン
ヘッドであった[29]．またスワインヘッドは「形相の多性 mulutitudo forme」と
いう，基体（実体）subjectumの形相総量の概念によって，濃密度や強度を理解
しようとした．こうした試みが，質の内包量（強弱変化；例えば希薄密度など）や
外延量（例えば時間による経緯変化）の二次元幾何学化を試みたオレームの前段の
仕事となる．オレームは，初めて，運動に外延量（時間と延長）と内包量（強度
すなわち速度）を認め，それを二次元表記したのである．つまり，速度を垂直線
latitudoで，時間を水平線longitudoで示し，図形を用いた質の変化を可能にした．
ではここからオレームの『質と運動の図形化 Taractatus de configurationibus
qualitatum et motuum secndum doctorem et magistrum』（以下『図形化』と略）
を考察してみたい[30]．
　『図形化』は1350年代の著作とされている[31]．全体で三つの部分からできており，
第一部では，永続的な質の均一性と非均一性の図形化と力，第二部では継続す
るものの図形化と力，第三部においては，質と速さと獲得と測定de
acquisitione et mensura，について論じられている．本章は，時間の問題を中
心テーマとしているから，時間の問題がはっきりと表れている箇所をみていき
たい．先に触れたように，オレームのプログラムは質的変化（もちろん今日から
みて量的変化も含まれてよいが）を内包量ととらえ，それを幾何学化することにあ
る．運動する物体を例にとろう．その運動する当該物体を基体とすれば，物体
が時間変化する運動を横軸が表現することになる．運動の様態に関しては第二
部で論じられているが，まずオレームが第一部の劈頭で，「測定される事物は，

数を除いて，連続量の様態に即して把握される」(Cla.165，中村462)，と論じている箇所は注意すべきである．連続量としての時間についても第二部で論じられているが，運動学に限れば，基体的延長と時間的延長である．ただ，いわゆる近代物理学における質点（延長を前提しない物体）の運動変化に関しては，時間的延長である[32]．その横軸に対して垂直に立てられる線が，速さの内包量を表現する．上の引用文にあるように，時間が連続量として理解され，それが離散的な数と異なった量として把捉されている点に限れば，オレームはアリストテレスの伝統に忠実であるのだが，いずれにせよ，第二部で，「確かに時間は，ある意味では運動体の継続的持続 successio morose rerum である」(Cla 273，中村517) と指摘されていることから，オレームは横軸に時間持続を設定するとき，すでに連続的な量として時間を前提している．続いてオレームは，時間を，運動そのものではなく，運動体の継続である，と論いた後，「すべてが静止していても，時間は経過する」(ibid.) と述べる．この点は重要である．

3　オレームの新しい方法と時間（2）

ところでオレームは時間そのものに対してどういった理解をしていたか気になる．オレームが依拠している時間論は，オレームが，『図形化』の中で「時間 tempus は時のカテゴリーの附帯性 accidens de predicament quando」(Cla 272-273，中村517-518) と論じている点から，アリストテレスを基本的には踏襲していることは明らかである．例えば，オレームは時間を時間的なもの res temporalis と区別し，時間は時間的なものの様態であるが，かといって時間的なものなしに時間があるわけではないと論じている (ibid.)．つまり時間は他のもの（今の場合，時間的なもの）と一緒になって意味を持ち，また，それはさらに不完全な精神の複合体によって mentali complexionem imperfecta，意味を持つとされる．したがって時間は名詞としてではなく時に副詞（共義語 sincathegorematica[33]）として扱われるべきだと述べる．こうした記述は，確かに，

アリストテレスの『自然学』,『形而上学』などを下敷きにしているともいえそうだが,アリストテレスと全く同じともいえないのである.

アリストテレスが「運動が時間である」,「時間は運動の数である」と論じていることをオレームは踏襲しつつも,時間という継続（持続）は内包量ではなく,前後に延長するだけであるとする.その一方,速さ（運動）は内包量であるから均一uniforme,非均一difformeがありうる,[34]と述べる.したがって,時間は速いとも遅いともいえないから均一であるともいえないとされる.しかし,運動と時間が関係する限り,オレームによれば「時間という持続は……均一な運動,すなわち規則運動を除いては適切に測定されることはない」(Cla 274-275,中村518) とされる.つまり,時間と運動は単純な同一視はできず,不適切に均一といわれるにしても,それは厳密には間違いであって,運動の均一性という内包量としての性質によって測定された結果として持続しているのである.

また前節の終わりで引用したように,すべてが静止しても時間が経過するという見方は,『自然学』において外的運動を時間と読み替えるようなアリストテレスの考え方とは相いれないだろう.オレームが「すべてが」静止しているといっている限り,ある物体が静止していても他の物体が動いているという単純な事柄が想定されているとは思われない.慣性の法則を知っている我々であれば,等速直線運動と静止の間には差はない.したがって,アリストテレスの時間論に準拠するなら,静止と等速直線運動をオレームが同じだとみなさない限り,均一運動によって時間が測定されるという上の議論と矛盾が生じるだろう.

この問題についてここで確定的な解答を与えることはできないが,一つはオレームが受け継いだビュリダンのインペトゥス理論が一種の保存力であって自然に消滅しないという点からの推察が可能かもしれない.インペトゥス理論によれば物体が静止するのは空気抵抗や重力による.この点が,後世の科学史家によってガリレオの慣性の法則の先駆とみなされた.[35]こうした点から,静止と運動をインペトゥスの立場からみて同じとみなすことは可能かもしれない.ま

た別の見解としては，オレームが静止との関係で時間の持続を論じたことに関して，S. カロッティの見解が参考になるかもしれない．[36] カロッティはオレームのアリストテレス『自然学』註解Ⅳを分析し，オレームの時間論を明らかにしようとしている．アリストテレスのいう持続的時間の中に，精神の動きとしての時間が論じられているので，オレーム自身もまたこれにならい『図形化』において，精神（魂）と時間の関係を論じているから，物体が静止していても時間が持続するのは，精神の活動の投影レベルでの議論として考えることも可能であるとカロッティは考えるのである．精神における持続のような対象として時間が考えられているとすれば，時間は運動と連関しつつも別の位置付けが保たれるわけである．[37]

4 オレームの新しい方法と時間（3）

速さを二次元のグラフにした場合，オレームによれば横軸は時間，縦に速さ（の変化）がプロットされる（図1-1）．

等速直線運動であれば，長方形になるだろうし，加速後減速する運動ならば，三角形や曲線になるだろう．その限り，前節で触れた「静止」はその出発点として時間軸上にプロットされるのは確かなのである．つまり運動（速さ）と時間は，別の次元として幾何学的に描かれるのである．その限り，静止という運動形態の中で，時間が論じられることは不可能ではない．ただそうであるにし

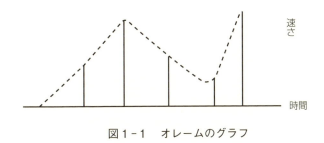

図1-1　オレームのグラフ

ても，そこには運動と時間とのある種の分裂がある．また，オレームが，どうして横軸として，連続量として時間表記が可能だったのかについては，現代の我々からは当然に思えても，実は全く当たり前のことではない．アリストレテスは時間を運動の数としていたことについては先に述べたが，離散的な数と幾何学量としての連続量は，アリストテレス以降分けて理解されてきたことは周知の事実である．それゆえ，実は連続量として時間を幾何学的に描くこと自体にも，大きな歴史的飛躍があるのである．こうした時間の表記とそれに関わる時間の存在論的性格は，オレームの思想の背景，当時の中世の時間論を綜合的に考察しなければならない[38]．

　本章第1節冒頭において簡単に触れたが，中世の時間論を考察する場合，アリストテレスの伝統とともに新プラトニズムからの影響などが絡み合っている点に配慮しなければならない[39]．A.マイヤーの研究によれば[40]，アリストテレス以降，中世において時間の問題は，まずその実在性とカテゴリーとの関係で議論され，次いで，アウグスティヌスを折目にして，魂との関係で議論されてきた[41]．アリストテレスの『カテゴリー論』「量」の箇所で「時（クロノス）」について論じられていることは有名だが[42]，ここでは時は，場所と並んで連続量の具体例として挙げられている．これと同時に，数は離散量であることが述べられている．つまり，先に触れたように，連続量としての幾何学量と離散量としての数の分類が，時間が運動の数であるというアリストテレスのもう一つ定義と相俟って，研究の対象になっていたのである[43]．したがって時間をどういった量として考えるか（離散量と連続量の間）という問題と時間の実在性（人間の魂の中に求めるか運動において求めるか）という問題が絡み合う中で，時間は議論されてきたといえる．それゆえ，オレームが時間を連続量として描こうとした点は，中世の時間論からみて極端に特異であったわけではない．時間の実在性と時間をどのように測るかという点において，時間と運動学との間に強い連関がみて取れるが，オレームが時間を内包量の観点から運動（速度）に分けたのは賢明な方法であったといえる．また，中世末期に，オレームに先立つウィリアム・オッ

カムは，唯名論の立場から，時間の概念は「経過」に対する省略的術語に過ぎず，本来的には動詞的に扱われてしかるべきだ，と主張し，時間の実在性に関する論争に大きな論点を提供した．そして，時間をどうとらえるかという統一的（全体的）観点において，例えば，ロジャー・ベーコンは，時間を，広がりや高さを持たないものと考え，一次元の量としての時間を説明した[45]．ここに至って，時間を幾何学的に表記する準備が整ったといえるのである．それと同時に，時間は他の基体にとっての偶有物（附加的存在）として統一性（全体性）を持つといった解釈などがもたらされる．以上のような背景の下，オレームの時間解釈が今一度見直されるべきであろう[46]．オレームは，『図形化』において，時間を幾何学的に表記する道を取り入れ，運動の量としての数（離散量）を運動と時間の存在性格を分けたといえる．つまり，時間解釈の大きな流れとしては，持続としての時間，連続時間を基本的には選択しつつ，そこに精神的な流れ（持続）としての時間解釈を許すというスコラ哲学のいくつかの流れを取り込む形でオレームは自分の時間解釈を構成したといえるだろう[47]．

5　その後の自然哲学への時間論の接続

時間が幾何学的な連続量として描かれて後，運動学の図式化がルネッサンスをへてどのように発展していったかについては考える場合も，いくつもの重要な歴史的考察が必要になる．例えばレオナルド・ダ・ビンチと中世末期の科学思想との関係は，予想以上に深かったことが知られている[48]．自然哲学全体の流れからみて，まずもっとも重要なのは，ガリレオ・ガリレイとオレームあるいはパリ学派やマートン学派との関係であろう．慣性の法則とインペトゥスの関係には類似点もあるが，本質的な違いもあるという点については先に触れた．この問題は本章のメインテーマである時間表記についても無関係ではない．また，現代の物理学で人口に膾炙した，ガリレオの時間の二乗に比して落下距離が増大する「自然落下の法則」（$S = \frac{1}{2}gt^2$）には，現代物理学との明瞭な時間

38   第Ⅰ部　物理学と哲学の時間概念をめぐる問い

表記の関係性・連続性がみて取れる．しかし科学史としてみると，この落下の法則はそう簡単に定式化されたわけではない．P. デュエムがオレームなどパリ学派とガリレオとの連続性を強調したのに対して，A. コイレはやや懐疑的であるし，高橋憲一は，ガリレオの独自性を強調する[50]．本章でこうした点を詳細に論じることはできないが，ガリレオがパリ学派の伝統を明らかな形で知らなかったにせよ，知っていて無視したにせよ，中世以来の時間論の展開がガリレオの前に大きな潜在的な材料として横たわっていたことは間違いない．こうしたことは，科学史上の発見が完全に個人的な天才にのみ帰せられる事柄ではないことと同じであろう．そこには科学的発見をもっと大きなパラダイム的視点からみる必要もある[51]．

　ただ，多くの科学史家が，中世末期の自然哲学を非実験的で純粋思考的であり，第1節で述べたように，彼らの多くの仕事が，マートン学派に代表されるような「想像にしたがって」なされていたに過ぎない，と揶揄される点に関してはここで付言しておいてよいだろう．E. グラントが詳細に述べているが[52]，アリストテレスの自然哲学の受容とともに，その原理ではうまく説明できない自然現象の問題を，当時の自然哲学者らは新しい諸条件を仮定することで説明しようとした．ところが，1277年の断罪（異端宣告）といわれる事件に象徴されるように，自然哲学者の営みは，時に神の絶対性を制限するとみなされた．自然哲学の新しい数学的・論理的方法が，神学の内容を大きく変えてしまうことの危険性も認識されていた．ただ，そうした状況があったとしても，政治的な問題としてのみ「想像にしたがって」を捉えてしまっていいものだろうか．三浦伸夫が論じているように，例えばスワインヘッドは，無限の物体同士の接触や無限の強度の問題を想像によって考察している[53]．プラトン，プロティノスから中世にかけての心理学の領域において，この想像は，秘儀的能力を担ってきたと同時に，ロジャー・ベーコンにおいては，真理の発見を担うという強い意味でも理解されている[54]．したがって，「想像にしたがって」を政治的逃げ口上の方便として理解するだけでなく，想像力は，数学的な発見を可能にする能力

として（アインシュタインが好んだようないわば思考実験として）理解されるべきであろう[55]．また，近世哲学の脈絡からみても想像には，例えばジョン・ロックにみられるように力能を表す意味も存在したことも，この問題に関しては参考になるかもしれない[56]．

　また実験の抽象からのみでは，数学の理論は構築されないことは，今日の科学哲学では当然の学説であるが[57]，ガリレオとそれ以前の自然哲学者との断絶を仮に認めるとしても，実験家としてのガリレオが思弁的な思考実験家で中世の自然哲学者を乗り越えたという概略的な図式には大きな問題があるといわざるを得ない．

　時間の表記の問題に戻ろう．ガリレイを経て[58]，我々は急ぎニュートンへおもむきたい．ニュートンの時間概念については，認識論としての哲学の側面から，カントが大枠として，ライプニッツのそれではなく，ニュートンのそれを物理モデルとしたことは，全否定はできないだろう．ニュートンのかの有名な「絶対的な，真の，数学的な時間は，それ自身で，そのものの本性から，外界のなにものとも関係なく，均一に流れ，別名を持続ともいいます」という「絶対時間」，及び「相対的な見かけ上の，日常的な時間は，持続の，運動による（精密にしろ，不精密にしろ）ある感覚で外的な測度で，人々が真の時間のかわりにつかっているものです．一時間とか，一日とか，一月とか，一年とかいうようなものです」という「相対時間」の定義は，運動の数としての時間と連続的かつ幾何学に表記可能な時間の区別の宣言でもある[59]．もちろん，コイレが論じるように，ここに絶対空間を神の属性，神の器官とみる[60]，という考え方は，当時の哲学者や自然哲学に従事していた者たちの多くが抱いていた思想であった[61]．しかし，そこから宗教的・形而上的要素がはく奪された今日，時間に限れば，時間表記とその一様性，連続性という性質によって，我々の時間に関するコモンセンスを形成するまでに至ったのである．ニュートンと同時代，時間や空間の生成という問いを発したライプニッツのような問題意識は，その後背後に退き，ライプニッツに対するカントの批判以降，自然科学において，時間を t などのパラ

メータで表記し，それが連続的な量として記述されることが当然となった．カント以降，フッサールやベルクソンなどの現象学や生の哲学などが，物理的な時間表記を時間の空間化の視点から批判する取り組みもみられたが，物理学において時間の起源や生成の問題は，ほとんど主題化されないことになったのである．そして，今日，哲学的な時間論と物理学における時間表記の問題は，ほとんど通訳不可能な状況にまで至ったといえるだろう．

おわりに

量子物理学の中で，例えば，シュレディンガー方程式の中で，時間のパラメータが古典物理学と同じ身分で使われていることに対しては実は問題がある．量子物理学の性格や当該の方程式の性質を考えた場合，時間パラメータ t は，決して自明とはいえない．時間を古典物理学のパラメータとして入れ込む場合，時間対称性の疑問がすぐさま浮上する[63]．またこの時間のパラメータは，無限自由度の相対論的な量子物理に至ると，さらに複雑で難しい解釈を引き起こす[64]．

時間とエネルギーの不確定性関係が，他の物理量同士の不確定性関係と同列に並べられないのは，時間が観測量（つまり一般に自己共役作用素）とは言い難く，観測値であるスペクトルが一般に実数にならないからである．この問題をオレームの立場から解釈することが許されれば，内包量を伴わない時間の幾何学的な性質を，内包量を伴うエネルギーと同列におくことに大きな問題がある，ということになる．

時間に関する作用素の問題や，相対論的な時空座標の量子化といった問題が，今日，哲学的・形而上学的思考を必要とする背景を考察し，新しい方法を模索するためには，時間のパラメータ化が自然に興ってきた事象ではなく，中世末期から近世初頭にかけて生じた一つの人為的方法でしかなかったことについて我々は，反省すべきであろう．そうした背景もとにして，大森荘蔵の原生時間と線型時間の関係や J. マクタガード流の時間の非実在性を哲学として[65]，再度考

え直すことは，有益でろう．また中世末期の新しい方法の中で取りこぼされた時間の生成のような問題を，我々は再度考える必要があるのではないかと思われる．それは，例えばライプニッツやボルツァーノが取り組んだ問題でもある．

注
1）［28］のNicole Oresmeの項目を参照のこと．詳細は，［23］における横山雅彦の解説に詳しい．
2）［16］の134～135，171～172ページ，を参照のこと．
3）例えば，［31］は古代から中世初頭までの時間論の綜合報告である．中世末期に限っては，［27］の３章に詳しい．
4）［18］の46～47ページ，参照．なお，時間と多少関係するがプラトンの因果論や生成消滅論は『パイドン』での議論が有名である．
5）今後示す『自然学』の該当参照箇所は，通例どおり，ベーカー版のアリストテレス全集のページ付けである．邦訳として岩波全集版（1968年）と筑摩書房『世界古典文学全集16』（1966年），を参照した．
6）『自然学』218bにおける「時間は変化がなければ存在しない」，あるいは「時間は運動ではないが，運動がなければ存在しない」という説明による．
7）『ティマイオス』の話は『自然学』での考察の重要な論拠の一つであるが（例えば209b），周知のように，アリストテレスの時間論はそれに先立つ場所論（トポス論）と空虚論（ケノン）の基づく空間（コーラ）やそれに同伴する変化・運動の議論の後で考察される．
8）［10］の68～77ページ．ただ，『自然学』にも魂（精神）と時間の関係は記述されており（223 a），数を数える者がいなければ時間は存在しないのだろうか，という疑問は呈せられている．今道友信もこの点を指摘している（［３］の211～212ページ）．
9）「場所移動（ポーラ）」ともいわれる（211 a）．
10）アリストテレス『自然学』においては第５巻の前半に相当するだろう．
11）［21］，316～317ページ，を参照のこと．
12）『自然学』200 bから始まる「運動」の定義の多義性による．実際，アリストテレスは『自然学』第２巻で自然によって存在する事物と人工的に存在する（技術によって存在する）事物を区別しており，こうした区別により変化のあり方も区別されてしまうのである．
13）『自然学』232 bの記述から一定程度，速さと時間の比率の関係は読み解けるが，今日，我々が数理的な手段を知っているというバイアスを外せば，当該の記述は数理的な処理を厳密に行えるような記述ではない．特に，今日加速度といわれている速度の増減に関しては観察に基づく速さの質的記述である（例えば「より速い」や「より小さい時間」という表現）．ただ，アリストテレス自身はしていないが，彼の議論に基づいてその運動方程式なるものは書き下す試みはある（［２］81～82ページ，あるいは［25］，p. 178-179.
14）『自然学』193 bから194 bにかけて，アリストテレスは数学的に自然を分析することを，

その対象の一部，自然のある部分（属性）基づく分析として避けているから，後年の
トマス・アクィナスの指摘はアリストテレスに忠実である．ただ，自然の本性を形相
に基づいて考えることも，それが質料と関連する限り，アリストテレスは第一哲学（形
而上学）の仕事として論じており，形相として運動を論じることは決して反アリスト
テレス的ではない．そこにある数学的原理，つまり形相概念に数学が再度（ピタゴラ
ス，プラトン的に）強く結びついていくことが，極めて興味深いのである．

15) ［21］の318〜320ページ，あるいは，［7］の57〜69ページ，を参照のこと．ビュリダ
ンのインペトゥスは，永続的性質をもち，デュエムによって，慣性の法則の先駆とさ
れたことは有名である．また，その原理がデカルトによって定式化された「運動量（質
量と速度の積）」と同一視されがちだが，リンドバーグはそこには本質的な差異があ
ることを強調する（［21］，330ページ）．ちなみにデカルトは「運動量」をエネルギー
としていたが，これがライプニッツのエネルギー概念（正確には質量と速度の2乗の
積の半分）であることが，ダランベール『動力学論』によって1743年に明らかにされ
ている．カントは死力と活力の問題としてこのテーマで最初の論文を書いた．

16) 中世のトマスとボナヴェントゥラの自然学研究については［4］に所収の，中村治，
川添信介，両氏の論文を参照されたい．また，以下で参考にするが，Annelise Maier
による，一連の中世（末期）の自然哲学の膨大な研究でもトマスやボナヴェントゥラ
については，触れられており，後者については，自然哲学に一定の影響があったよう
である．上の注との連関でいえば，プラトン，新プラトン，アウグスティヌスの系譜
により近いボナヴェントゥラが形相を重視するのは当然であろう．Annelise Maier
［29］（A），（B），（C），（D）．

17) ［25］，p. 163.

18) ピエタのアウトリュコス（BC. 300年頃）や6世紀のピロポノスなど（［2］の90ペー
ジ以降を参照のこと）．

19) ［25］，pp. 181. クラゲットによれば，アリストテレスにおいては，運動学において変
化と移動が混在していた．当時の運動学，動力学に関してはAnnelise Maier［29］の
（A），（E）が綜合的研究である．

20) スワインヘッドの『計算の書 Liber caluculationum』に関しては，［19］に詳しい．

21) ［25］のchap. 4のpp. 210-2011に詳細な記述がある．

22) ［21］の322ページ．

23) ［19］において，［29］（B）の研究を紹介しつつ，質と強度の関係が分かりやすくまと
められている．マイヤーによれば，13世紀までに，質の強度論には，混在理論，継起
理論，不可理論，の見解があったようである．

24) ［30］を参照．

25) オックスフォードとパリでは，研究スタイルが異なっていた点も重要である．［19］，
367ページを参照．オックスフォードでは『自然学』が，パリでは『分析論後書』が
主な研究対象とされた．

26) リンドバーグによれば，オレームと同時期のフランシスコ会士ジョバンニ・ディ・カ
ザーリが先駆けの一人である．オレームは彼の仕事を精緻化した．Annelise Maierの
（C），S. 270，も参照されたい．14世紀の計算学の成果が，いかにオレームの前に準

第1章　物理学の時間表示の起源　　43

備されてきたかについて，詳細な記述がある.

27) オレームの先駆の一人としてはダンブルトンJohn Dumbletonがおり（1310-1349頃），「光」の研究でも有名である．[26]，pp. 103. を参照されたい.

28) ニコル・オレーム（中村治 訳）「質と運動の図形化」[9]（以降このテキストを（中村）とする），に所収）の解説や，[29]（B）を参照のこと．インペトゥス理論との関係で，オレームの立場が記されている．オレームは，インペトゥスの本性の問いを自然哲学あるいは自然学の固有の領域ではないという立場を拒否し，ビュリダンのように，動力学の第一の原因として理解している（(B)，S. 248).

29) [19]，382～383ページ.

30) [9] を参考にしつつ用語に関しての確認などは，Marshall Clagettによる英語の訳注[24] を参照する（以下このテキストを（Cla）とする）．なお（中村），（Cla）の後の数字は，テキストのページである.

31) (Cla) のp. 4参照.

32) 分割可能な基体の継続的運動であれば，部分を持つから（Cla 271），（中村516），今の場合，質点の運動を仮定すれば基体的延長は表れない．ただ，ある物体がどういう空間的変位をしたかを論じる場合には，基体的延長も必要になると考えられる.

33) 独立した意味を持たず，他の語との関連においてはじめて意味を持つ副詞や接続詞のことである.

34) 速度の場合でいえば，等速運動（均一）や速度変化（非均一）である.

35) [21]，330ページ.

36) [33] 参照.

37) アリストテレスからアウグスティヌスを経て，近世以後，カントやフッサール，ベルクソンなどが論じた，主観や意識との関係における時間の持続という位置付けは，次節以降で論じるように，実は歴史的広がりがある重要な問題である.

38) 先の [32, 33, 34] を含む*The Medieval Concept of Time*, Edit. Pasquale Porro, Brill, 2001. は比較的最近の綜合報告である.

39) [32] を参照されたい.

40) 以降の論述は，[39]（D）の（2）Ⅱ Das Zeitploblemの箇所を参考にした.

41) [29]（D），S. 50-51.

42) 『カテゴリー論』4 bのb 20以降を参照．また『自然学』220 aでも，時間が連続的であるのも分離されうるのも「今」においてである，と述べられており，「今」を点と対応させ，点によって長さが限定され，また連続を構成させることが述べられており，ライプニッツやボルツァーノの哲学に引き継がれる問題点がすでにアリストテレスには存する.

43) [29]（D），S. 79. 参照．Heinrich von Gent（ガンのヘンリクス）の解釈などが挙げられている．ヘンリクスは次節で触れる1277年の異端事件にも一役かっている.

44) [29]（D），S. 84. 参照．本章第3節でも触れたオレームの見解に近い.

45) [29]（D），S. 102. 参照.

46) 本章では論じられないがボエティウスの時間解釈やアヴェロエスAverroes（イブン・ルシュド）のアリストテレスの時間論解釈も，スコラ哲学へ与えた影響は大きい.

44　第Ⅰ部　物理学と哲学の時間概念をめぐる問い

47) 諸事物の諸様相modi rerumなる概念の導入により，オレームは従来の形相論とは異なる点から巧妙に時間の実在性や知覚の問題を解釈した．こうした点は［33］を参照されたい．本章では，オレームの存在論にはこれ以上立ち入らない．

48) 例えば，［2］の89～90ページ．

49) ［13］の第一章，参照．

50) ［17］の85ページには，落下の時間二乗則の発見をめぐるガリレオの独自性に関して，科学史家の立場が整理されている．

51) ［1］，350ページ，以降を参照のこと．

52) ［12］のⅤ章，Ⅶ章，を参照のこと．

53) ［19］の383ページ．

54) ［35］，pp. 196.

55) こうした点から考えると，近世カントの「構想力」やそれに基づくドイツロマン主義，例えばノヴァーリスなどの構想力に基づく美的な数学礼賛は中世からの歴史的経緯が踏まえられるべきだろう．特に，ドイツロマン主義は中世回帰の相が強いだけになおさらであろう．

56) ［6］を参照されたい．

57) 例えば，［11］の第2章，第3章，を参照されたい．

58) ガリレオの時間論の問題，特に時間と精神の関係に関してガリレオが関心を示していなかったことなどに関しては，［34］を参照のこと．

59) ニュートン「自然哲学の数学的原理」の定義Ⅷの注解（［20］），を参照のこと．

60) 神の感覚器官としての空間論はニュートン『光学』（第三版）の「疑問28」の中であらわれる．

61) ［14］の194ページ以降，参照．

62) 本章で論じたように，中世にも同じ問題意識はあったように思われる．

63) ［22］を参照．

64) ［5］に所収の「実在論と時間」，あるいは，［15］を参照されたい．

65) ［8］で語られている．

参考文献

［1］伊東俊太郎『近代科学の源流』，中央公論新社（中公文庫），2007年．

［2］伊東俊太郎『人類の知的遺産31　ガリレオ』，講談社，1985年．

［3］今道友信『人類の知的遺産8　アリストテレス 』，講談社，1980年．

［4］井上庄七・小林道夫 編『自然観の展開と形而上学』，紀伊國屋書店，1988年．

［5］『岩波講座　現代物理学の基礎［第二版］　量子力学　Ⅱ』，岩波書店，1978年．

［6］大橋容一郎「表象とその力について――作用はいかに語りうるか――」（上智大学『哲学科紀要』第17号，1991年，所収）．

［7］大野陽朗 監修『異端の科学史――近代科学の源流　物理学篇別巻』，北大図書刊行会，1979年．

［8］大森荘蔵『時間と自我』，青土社，1992年．

［9］ニコル・オレーム（中村治 訳）「質と運動の図形化」『中世思想原点集成　19世末期

の言語・自然哲学』（上智大学中世思想研究所 編訳・監修），平凡社，1994年.

[10] 片柳栄一「時間・空間論の展開」『新岩波講座　哲学　7』，岩波書店，1985年.

[11] 小林道夫『科学哲学』，産業図書，1996年.

[12] E.グラント『中世における科学の基礎づけ──その宗教的，制度的，知的背景──』（小林剛 訳），知泉書館，2007年.

[13] A.コイレ『ガリレオ研究』（菅谷暁 訳），法政大学出版局，1988年.

[14] A.コイレ『コスモスの崩壊──閉ざされた世界から無限の世界へ──』（野沢協 訳），白水社，1974年.

[15] 佐藤文隆「時間と量子力学」『パリティ』，丸善出版，1985年.

[16] G.サートン『古代中世　科学文化史Ⅴ（5）』（平田寛 訳），1966年，岩波書店.

[17] 高橋憲一『ガリレオの迷宮──自然は数学の言葉で書かれているのか？──』，共立出版，2006年.

[18] 土屋賢二「時間概念の原型──プラトンとアリストテレスの時間概念──」『新岩波講座　哲学　7』，1985年.

[19] 三浦伸夫「14世紀の運動論──リチャード・スウィンヘッドの質の運動──」『中世と近世のあいだ──14世紀におけるスコラ学と神秘思想』（上智大学中世思想研究所編），知泉書館，2007年.

[20] 中公バックス『世界の名著　31　ニュートン』（河辺六郎 訳），中央公論社，1971年.

[21] リンドバーグ：David C.Lindberg『近代科学の源をたどる──先史時代から中世まで』（高橋憲一 訳），朝倉書店，2011年.

[22] 柳瀬睦夫「相対論及び量子論における「時間」」『新岩波講座　哲学　7』，1985年.

[23] 横山雅彦 編『科学の名著　5　中世科学論集』，朝日出版，1981年.

[24] Marchall Clagett, *Nicole Oresme and the Medieval Geometry of Qualities and Motions*, The University of Wisconsin press, 1968.

[25] Marchall Clagett, *The Science of Mechanics in the middle ages*, The University of Wisconsin Press, 1959.

[26] A.C.Crombie, *Augustine to Galileo*, London, 1959.

[27] Pierre Duhem（edit., and trans. R. Ariew），*Medieval Cosmology*, The University of Chicago Press, 1985.

[28] *Encycloprdia of Medieval Philosophy -Philosophy Between 500 and 1500- vol.2*, （edt. H. Lagerlund），Springer, 2011.

[29] Annelise Maier：（A）*Die Vorläufer Galileis im 14.Jahrhundrt*, Roma（1949），（B）*Zwei Grundprobleme der Scholastischen Naturephilosophie*, Roma,（1968），（C）*An der Grenze von Scholastik und Naturewissenschaft*, Roma（1952），（D）*Metaphysische HinterGruende der Spaetscholastischen Naturephilosophie*, Roma（1955），（E）*Zwischen Philosophie und Mechanik*, Roma（1958）.

[30] John E.Murdoch and Edith D. Sylla, The Science of Motion, in: David C.Lindberg（edit.），*Science in the Middle age*, The University of Chicago Press. 1978.

[31] Richard Sorabji, *Time, Creation and the Continuum*, The University of Chicago Press, 1983.

46　第Ⅰ部　物理学と哲学の時間概念をめぐる問い

[32] Carlos Steel, The Neoplatonic Doctrine of Time and Eternity and its Influence on Medieval Philosophy, in: *The Medieval Concept of Time*, Edit. Pasquale Porro, Brill, 2001.

[33] Stefano Caroti, Time and Modi Rerumu in Nicole Oresume's Physics Comentary, in: *The Medieval Concept of Time*, Edit. Pasquale Porro, Brill, 2001.

[34] Maurzio Torrini, The Time of Men and The Time of Objects: Galileo and his Contempotaries, in: *The Medieval Concept of Time*, Edit. Pasquale Porro, Brill, 2001.

[35] Murray Wright Bundy, *The Theory of Imagination in Classical and Mediaeval Thought*, The University of Illinois, 1927.

第2章 物理学の時間とカントの時間論

概　要

　第1章において，我々は中世末期における時間表示の起源を論じ，それがガリレオからニュートンへのいわば既定路線となっていくことを確認した．この章ではニュートン以後，数理物理学が定式化され，いわばマニュアル化されていく時代の分水嶺にあらわれたカントの時間論の特徴をいま一度瞥見し，第Ⅱ部で問題にすべき時間の哲学的基礎付けや解釈の問題点を，あらかじめ述べておきたい．

Keywords：超越論的観念論，直観としての時間と空間

は じ め に

　ルネッサンスを経て現代に連なる近代科学の基本的な枠組みの構築の過程において，大きな役割を果たしたのは，いうまでもなくガリレオやニュートンの古典力学の描像である．物体の変位・変化を簡明に描像化するためには，時間と空間の取り扱い方が一般性をもって定式化され，なおかつ明確でなければならなかった．中世末期からガリレオに至る歴史的経緯の中で，時間は一次元の連続体の描像を獲得し，空間は，ニュートンが最終的に到達した絶対空間論が，その神学的な意味が換骨奪胎される中で，物体運動の容れものとしての形を獲得する．ニュートンの絶対空間論は，当初は，ヘンリー・モアに代表されるように，ルネサンス期から（あるいは古代から）醸成されてきた一種の宗教観や自然観に裏打ちされていたが，ニュートン以降，古典力学がフランス啓蒙期にダ

ランベール，ラグランジュらによる解析力学の脱皮を経て（あるいはハミルトンの正準形式を経て）取り扱いが簡明になり，その中で，空間は一般座標系の座標軸と物体の（相空間での）パラメータを意味することになる．時間は，少なくとも古典物理学に関する限り，空間とは独立した意味を与えられるが，物体の変化を示す（変域）パラメータとしての意味を獲得する．また，時間と空間は数学としてみると，特別な技術的・技巧的例外を別にして連続数として実数の要素として定義される．こうした，状況において，19世紀，R.ローティが指摘するように，哲学に一つの転機が訪れる[3]．それは，19世紀以降，個別科学，特に天文学を中心とした自然哲学が分離・独立していく中で，哲学固有の問題が再定義，再検討されなければならなくなったということである．その転換期に居合わせた哲学者がカントであり，カントの時代以降，哲学者が一部の例外を除いて[4]，自然科学や数学の研究を同時に行うことが不可能となっていくのである．次節でカントの時間論を概観した後，歴史的文脈を中心にカントが，時間（と空間）を純粋直観として定式化していった意味を，その問題点とともに論じてみたい．

1　カントの時間論

　古代から中世末期，ルネッサンスを経る中で時間に関する論点は様々あり，またその強調の仕方にも振幅があるが，時間を運動や数などと対応させる実在的時間論と魂や精神，記憶などに還元する観念的（意識論的）な時間論が両輪であった．ガリレオ以降の数理科学の発展の中で，後者は自然を論じる哲学の中では大きな影響力を持たなくなった．時間は，連続的で一様な持続として定義され，カントが『純粋理性批判』「超越論的感性論」でいみじくも述べているように，時間は「一次元をもつ」対象として表象されるのである（B47）．しかし，カントの時間論は，彼の哲学の代名詞でもある「超越論的観念論」に示されるように，意識や理性，自我との関係の問題を抜きにしては論じられない．

時間を自然哲学の領域でパラメータとして表示することは，いうまでもなくあくまで形式的な表示に過ぎず，そこに時間が存在しているわけではない．カントに限定されることでないが，時間を哲学するとは，日常世界あるいは物理学において暗黙に了解され，表示されている時間の表示や時間感覚に意味を与え，場合によっては起源を見出すことにある．カント以降，例えばフッサールやハイデガー，ベルクソンらが取り組んだ問題は，時間を「哲学する」という，新しいようで古い問いでもあり，哲学が19世紀以降，自然科学と分離してしまった後にも，時間を根源的意識に関連付けるという意味で，古代からの問題の再燃でもあったといえよう．

　ところで，カントは，自然科学と哲学が大きな変貌を迎える時期に哲学の立場から時間の基礎付けを行った．カントの時間論を論じる際にはいくつかのキーワードがある．本章は，カントの時間論そのものを分析することが目的ではないので，いくつかのキーワードを中心にカントが時間をどう解釈したかについてまとめておきたい．キーワードとして，「純粋直観としての時間」，「原則の分析論における時間規定」，「経験的実在性としての時間」，「超越論的観念性としての時間」，を挙げておく．

　カントは時間を理解するにあたって，空間とともにこれらを概念でなく，感性形式としての直観の対象，それもあらゆる素材（質料）を含まない純粋直観の対象として（正確には，認識主観の直観によるア・プリオリな表象として）いる．空間が外部感官によって，外的な直観対象（表象）であるのに対して，時間は内部感官の対象である．時間は，あらゆる現象に対して先行するア・プリオリな主観的条件であり，さらに空間との関係でいえば，カントにおいては，時間は経験において空間的（外的）表象に形式的に先立つ（B67）．この直観としての時間は（空間とともに），経験的実在性をもつが，直観と無関係な実在性（絶対的実在性）をもつことはない．すなわち時間が主観的制約をもたずに，何らかの対象物に直接属す条件ではないことが主張される．これが時間（と空間）の超越論的観念性としての時間である．

『純粋理性批判』「超越論的感性論」においては，感性的能力が時間を規定することが（超越論的究明）時間の定義（形而上学的究明）とともに羅列さており，実際，時間が時間としてどういった過程を経て規定（性質を）獲得していくかについては，超越論的論理学のカテゴリー（純粋悟性概念）との協働作業を踏まえなければみえてこない．こうした問題に関して具体的に論じられるのが「超越論的分析論」後半の「原則の分析論」である．この箇所の特に「経験の類推」といわれる部分の中でカントは，時間が外的物体との関係でどのように時間としての諸規定をもつかを検討している．時間に対して，カントは，持続性・継起・同時存在という三様相を導入するが，これは，端的にいえば時間がカテゴリー及び判断力との関係の中で性格付けられ，主観的な認識条件としての時間規定が客観的な時間規定を獲得する場面であるといってもよいであろう．つまり，認識主観の側面あるいは精神的な領域で論じられる時間（超越論的観念性）が，客観的な物体の運動や静止との関係の中で経験的実在性として（物理学的に）論じられるのである．こうした点からみて，カントの時間論は，ニュートンのような当時の自然哲学者の業績と人間精神における時間把捉の側面を見事に融合しており，今なお，極めて高い評価が与えられるべきであろう．カント以降に意識論的な時間論や純粋持続に時間を「還元」し，物理学としての時間を副次的なレベルにまで落としこんでしまった時間論が持っている近代科学との断絶という隘路はカントには存在しない．

　カントの時間論は空間論とともに，経験的実在性と超越論的観念性のはざまの中で，「超越論的分析論」において，後のドイツ観念論の哲学者に大きな影響を与えるアンチノミー論（特に第一アンチノミー論）[5]を提供する．時間と空間の経験的実在性は，現象としての物体の運動と連動している．したがって，そうした物体が把捉できない領域，感性的直観を超え出た領域においては，経験的実在性が保証されない．したがってカントは経験的な概念ではない純粋理性概念すなわち「超越論的理念」という概念を使用し，感性的制約を超え出ることは，つまり外界の物体的現象を捨象して，時間継起の総体（全体）として宇宙

を構成することは，不可能であり，それは単なる理念であることを強調する (B537-B538)[6]．つまり，カントは，時間だけが外的対象の規定を捨象された姿として存在するといういわばニュートンの絶対時間論を，絶対空間論とともに超越論的観念論の立場から，「理念」としているのである[7]．

　ハイデガーはカントの時間論の根源性を自我とその触発そのものにみている[8]が，誤解してはならないのは，フッサール以降の哲学の多くが，主観的な自己規定から時間を構成したようにカントは時間規定を構成したのでなく，カントは，客観的な時間構成の中で，換言すれば，外的対象を時間の内に秩序付ける中で，自己（自我）を規定する．だから，あくまでその時間構成は客観的で経験的な実在性を確保せねばならない．

　カントは，運動学と物体との関係から時間と空間を定義しているが，物体とその運動を捨象した世界を「無」と考えることは可能だろうか．そもそも，直観としての空間は，最初から純粋であり，質料を捨象している．こうした感性的表象における時間描像が，ドイツ観念論の哲学者にどのように問題視され，アンチノミー論がどのように批判されていったのかについては，第II部で論じたい．ただ，カントが絶対時間（および絶対空間）を理念としている点について付言しておきたい．この点はカントの実践哲学とも幾分関係しているが，ニュートンが絶対時間（および絶対空間）を数学的に，あるいは神との関係で論じたことを考えると，カントにとっても，絶対時間（や絶対空間）は経験的な時間規定（と空間規定）を支えている統制原理なのである．

2　カントの時間論への問いかけ

　カントの時間論は，物体の運動と主観的な能力論が絶妙な形で融合しており（経験的実在性かつ超越論的観念性），哲学が当時の自然科学的描像を，ある部分基礎付けながら再解釈を可能にしているという点で評価されるべきである．しかし，カントの時間論をニュートン的な物理思想の中においてみると，今日の視

点からみて，問題含みである．こうした問題は哲学の議論の中で終始している
となかなか顕在化しないのだが，以降の議論で中心となる点について，ここで
あらかじめ論じておきたい．カントの時間論の特徴，あるいは問題を挙げると
き，空間論の問題も多少論じなければならない．カントの空間論が直観との関
係で議論される際に重要な論点になるのは，ア・プリオリな空間の唯一性と大
域性の問題である（B39-B40）．この問題は，第Ⅲ部において，ライプニッツの
絶対空間論批判の中で，論じられる[9]．時間の問題に関していえば，時間のア・
プリオリな唯一性の問題である（B47-B48）．

　前節で，カントはニュートンの絶対時間論に対して批判した点について論じ
たが，それはニュートン的時間論に反対したことを意味しない[10]．さらにいえば，
オレーム以後の，連続量としてパラメータtであらわされる時間量を積極的に
哲学の議論の中で基礎付けようとしたといえる．ただ，この物理的時間，客観
的時間の構築と時間の唯一性は決して密接に連関しなければならない問題では
ない．また，絶対時間を排したカントとて，時間の起源を問うことはできなかっ
た．時間はア・プリオリな表象であり，時間の起源を問うことは，ア・プリオ
リである表象をさらに遡及することにつながる．そうした遡及はカントの感性
の超越論的究明やカテゴリーの超越論的究明の思想からはみて不可能なのであ
る．後者のア・プリオリに関わる問題に関しては，この後のドイツ観念論の哲
学やライプニッツ，ボルツァーノの哲学の中でその特殊性とともに議論される
であろう．ここでは前者の時間の唯一性について，少しだけ論じておきたい．

　カントの時間論における時間の唯一性は，その時間を経験的自然との関係で
論じる限り，一つである必然的理由があるのかどうか，我々は再考せねばなら
ないのかもしれない．そもそも，カントの時間の唯一性は『純粋理性批判』「第
一類推論」の持続（恒存）からみてとれるように，自然の統一との議論と同伴
している．カント哲学において，時間そのものが知覚され得ない以上，物理的
な時間が認識主観による相対主義におちいらないためにも，客観的な持続性が，
実体という概念の照り返しの中で確保されなければならないのである．そして

まさにこの持続こそ，近代科学の成立の中で，時間の関数として表示された（ベクトル）量に他ならない．つまり，カントが唯一の時間と自然の統一のもとで考えているのは，例えばある三次元空間上を物体の位置変化を可能にするパラメータとしての時間$X(t)$，[tは連続：例えば実数] なのである．時間の超越論的観念性において，この客観的時間が主観のなかに引き入れられる時，そこに超越論的な主観としての普遍妥当的な認識領域がひらける．したがって，彼我において時間が多様に存在するという解釈は，カントにおいては成立し得ないのである．

だが，フッサールやベルクソンにまで話を拡大せずとも，カントの唯一の時間論は，物理的な領域からの解釈からみてももはや一般性をもつことはできない．カント解釈の立場からみたとき，カントが具体的な物理モデルとは異質のレベルに立った議論において時間の基礎付けをしており，物理的時間の成立条件をカントは論じているのであって，その逆ではない，という議論を目にする．しかし，この解釈はあまりにカントに多くを背負わせ過ぎであろう．

どんな理論にもアナロジーとしての理想的モデルが存在する．抽象的な数学の理論にも，ある公式における前提条件が当てはまらない例が存在する．カントの時間の超越論的観念性が全ての物理的モデルを覆うなどということはあり得ない．また，個別の主観の意識内において時間が感じられることと，カントの時間の唯一性の議論とは全く別である．カントの時間論が，その威力を発揮するのは，時間が物体の変位を支える持続としてであり，空間の運動や変化を支えるパラメータであるという前提を無視してはならない．つまり序章で論じたように，カントの時間論は相対性理論以前の古典物理学において，その意義[11]をもつのである．

相対性理論や現代の局所場の理論は，[12]カントの時代に知られていなかったという事実は，科学史的な文脈の中である哲学者（今の場合カント）の思想を分析する際，極めて重要である．哲学者はあるモデルからヒントを得て理論を構築する際でも，それを一般化して論じる．そのため，当該思想がもつ限界が認識

54　第Ⅰ部　物理学と哲学の時間概念をめぐる問い

されにくくなる点は注意せねばならないであろう.

おわりに
──カントの影響──

　カントの時間論はその空間論とともに，大きな影響を後世に残す．そして，
カントを境として，哲学が大きく変容し自然科学とのつながりを失っていく中
で，ある哲学は，例えば，19世紀以降の心理学の興隆の中で時間の問題を心理
学へと還元しようとし，また，物理学としての時間を空間化された非本質的時
間として解釈することで，時間論そのものの地平を哲学固有の問題へと押し込
め，ある意味で矮小化してしまった[13]．時間の問題は，古代ギリシア以来，自然
の営みや宇宙の開闢の問題と密接に関連している．また，時間を考えることは
無限と有限，あるいは連続と非連続といった，基礎概念を深く考えることとも
密接に関係している[14]．カントのアンチノミー論は問題を解決したのではなく，
我々に新しい問題を提起しており，今日，ほとんど不問に付されてしまってい
る物理学における時間概念の再考のためにもアイディアの一つを提供している
のである.

　以下第Ⅱ部の中でも，カントの時間論について（これは空間論と密接な関係があ
るため，空間論もある程度論じざるを得ないが），歴史的な視座も交えながら，更に
論じていきたい.

注
1）［6］の140ページ，を参照．ライプニッツらのニュートン空間論批判も，最終的には
　敗北した.
2）［2］，194ページ，以降を参照.
3）［7］，139ページ，以降の哲学史のとらえ方は，今なお新鮮であり妥当性がある.
4）カントの同時代のJ.ランベルトやドイツ観念年論の時代のB.ボルツァーノなどの一部
　を除いて，19世紀以降，哲学者の研究スタイルも，研究対象も大きく変化せざるを得
　なかった.
5）世界は始まりをもつか否かに関する二律背反である.

第2章　物理学の時間とカントの時間論　55

6）このあたりに関しては，[3]の第4章が分かりやすい．

7）絶対空間に関してはカントの『自然科学の形而上学的原理』（1786年）「第1章　運動学の形而上学的原理」の定義1における註2を参照のこと．カントは，運動学と物体との関係から経験的空間（相対空間）を定義しており，物体とその運動を捨象した世界を「無」と考えている．

8）[4]の34節，参照．

9）同時にカントは，空間の関係説にはっきりと反対している．[6]149〜152ページ，も参照のこと．

10）山本道雄も同様のことを論じている．[5]の194ページ．

11）その物理学がニュートンのそれであったか，ヴォルフの「世界論」のそれであったかは，今の場合，大きな問題にはならない．

12）この「局所場」という考え方を物理学とは異なった意味でアナロジーとして拡大解釈すれば，個々人の時間意識は最初から相対的であり，絶対的時間基準を設けること自体が副次的（空間的）であるというベルクソン流の見方も可能かもしれないが．

13）前章で触れたように，意識論的時間論は中世にもずっと存在したのであり，近代特有のオリジナルな議論ではない．

14）こうした時間のもつ問題の多様性に関しては，[1]を参照されたい．

参考文献

[1] 伊藤邦武『双書　哲学塾　宇宙を哲学する』，岩波書店，2007年．

[2] アレクサンドル・コイレ『コスモスの崩壊——閉ざされた世界から無限の宇宙へ』（野沢協　訳），白水社，1974年．

[3] 中島義道『カントの時間論』，岩波書店（岩波現代文庫），2001年．

[4] ハイデッガー『カントと形而上学の問題』（木場深定　訳），理想社，1967年．

[5] 山本道雄『カントとその時代——ドイツ啓蒙思想の一潮流——』，晃洋書房，2008年．

[6] マックス・ヤンマー『空間の概念』（高橋毅・大槻義彦　訳），講談社，1980年．

[7] リチャード・ローティ『哲学と自然の鏡』（野家啓一　監訳），産業図書，1993年．

第Ⅱ部

近世哲学の時間解釈（A）

──カントの時間論のドイツ観念論における展開──

第3章 シェリングによる自然哲学

概　要

　シェリングはドイツ観念論の中にあって，カントの思想をバランスよく展開した哲学者として知られている．晩年の現実存在（Existenz）と理性との関係についての考察は，彼の前期の自然哲学の中にすでに萌芽として含まれていたこともよく知られている．本章では，晩年のシェリングの自然哲学の立場から，カントの感性論に関する問題を分析してみたい．第Ⅱ部を通じて，カントの直観論の構造を批判的にみるが，本章では，特に空間論が議論の中心となる．ただ，今後，カントの空間論を論じることはほとんどないため，本章の中でカントの空間論に関して述べることは無駄ではないであろう．

　シェリングは，自然の概念を拡張することによって，カントの感性的直観における空間（と時間）の問題を，より大きな枠組みの中で把捉しようとした．

Keywords：自然哲学，空間論，カントのアンチノミー論

は じ め に

　序章や第Ⅰ部第2章でみたように，カントの理論哲学における純粋直観の理論は，感性の対象から質料的な要素が排除され，ア・プリオリな形式としての直観の機能に限定され，その形式が内官の機能としての時間の形式と外官のそれにあたる空間の形式とに限定された理論である．そして，カントは時間と空間が認識主観から独立して実在するという意味での，つまりそれらが物自体に

帰属しているという意味での絶対的（客観的）実在性を認めず，すべての可能的経験に関して，時間と空間は経験的実在性のみが保証されるとしている．また時間と空間の経験的実在性は，認識の主観的条件を伴って初めて意味をもつ．この限りにおいて，時間と空間には同時に超越論的観念性が要求される．すなわち，カントの議論においては，時間と空間の物自体への帰属が否定されることが，そのまま超越論的観念性の議論と結び付いている[1]．しかし，物自体に時間と空間を帰属させることを否定することが，なぜ，時間と空間の超越論的観念性と直接結び付くのかについては，実は明瞭には示されていない．フィヒテは『知識学への第一序論』（1797年）の中でこの観念性と実在性の一般化にあたる「超越論的観念論」と「独断論（絶対的実在論）」の背反関係を先鋭化させたが，それはフィヒテの単純な誤解ともいえないだろう．むしろ，カントの論述自体が，超越論的観念論と絶対的実在論とが最初から背反事項であるかのような印象を与えてしまっているのも事実ではないだろうか．

　ここでは，こうした疑問を踏まえて，カントの純粋直観の所説，とくに現象と物自体という観点からみられた直観形式の超越論的観念性の問題点について，特にその空間論に絞り，ドイツ観念論の代表的哲学者シェリングの後期自然哲学の講義（1843-44年のベルリン大学での冬講義）である「自然過程の叙述[2]」を参考にしながら考える．まず，シェリング哲学の立場を概観したあと，カントの第一アンチノミー論を整理し，その後，シェリングの立場からのカント批判をみる．これらを踏まえ，カントの批判哲学の立場を考慮に入れつつ，カントの直観論自体の再検討を行いたい．

1　シェリング哲学のカント批判に関する基本的立場

　一般的には，シェリングの哲学は『自由論（人間的自由の本質）』（1809年）を境に大きく変化していったといわれているが，シェリング自身がミュンヘン時代に行った「近世哲学史講義」（1827年頃）の中でも指摘しているように，彼の哲

学の基調には，若き頃から晩年に至るまで，「自然」の概念が存在する．また
その自然の概念は，物理学的，現象的側面に限らず，神の存在根拠（根源的意欲）
そのものの姿をも表現していることは，よく知られている．「自然過程の叙述」³⁾
ではこうした自然のあり方が語られているが，⁴⁾この中で，シェリングはカント
の空間論，とりわけその超越論的観念性の根拠付けの批判を，カントの第一ア
ンチノミー論批判を例として挙げながら論じている．シェリングのカントの直
観論批判の骨子自体をつかむのは，それほど難しくはない．シェリングはカン
トの直観論が果たす役割は認めつつも，それが超越論的観念性として，ア・プ
リオリな主観の形式に限定されることを拒んだのである．言い換えれば，空間
は概念（悟性機能）として理解される認識の枠組みではなく，あくまで直観と
して可能な表象なのであるが，その形式が主観においてのみ基礎付けられてい
ることに反対したのである（354）．このことは，カントの純粋直観の論証にお
ける「形而上学的究明」については一定程度是認されるが，「超越論的究明」
が最終解決とされることが拒否されていることを意味する．つまり，空間と時
間はア・プリオリな形式であり直観であるという点は是認されているが，空間
と時間が主観的な形式としてア・プリオリな綜合的認識を可能にすることで全
てが解決されている，とする点は認めないということである．

　シェリングがこうした立場をとる背景には，いうまでもなく，ドイツ観念論
全体に共通する課題，すなわちカント哲学が残した「物自体」に対する不可知
論の問題が横たわっている．カントが残した物自体の克服をドイツ観念論の哲
学者たちは重要な問題であると捉えていた．カントの直観論を物自体の問題と
の中で整合的に解決するにはいくつかの立場があろう．まずはカントの直観論
自体を重要な認識の枠組みであるとして残す立場があり，その上で物自体を克
服しようとする立場である（フィヒテ，シェリング）．⁵⁾もう一つは直観論自体を廃
棄してしまう立場である．⁶⁾本章ではシェリングを中心に取りあげているので，
後者については論じない．次に，直観の根拠を主観に置くというカントの立場
を踏襲しつつ物自体の克服をはかる立場である．この立場としては，純粋自我

の自己運動にカントの認識能力そのものの根拠付けを求めるフィヒテと，純粋自我という主観的原理を最初から第一原理とみなさないシェリングの立場に分かれる．したがって，シェリングの場合，直観の形式が主観の形式として理性的存在者の経験的認識の局面で機能していることは，認識能力の根拠付けとして語り得る全てである必要はないことになる．つまり経験的認識の可能性の条件を論じる直観の超越論的究明を全肯定する必要はなくなるのである．後で触れるが，こうした事態は，カントが論じた経験的認識の基礎付けとしての超越論的演繹の重要な論証の意義を台無しにしてしまうことにつながる恐れがある．しかしながら，空間と時間の超越論的観念性を守ることが，そのままそれの絶対的実在性の否定につながるというカントの発想には検討が加えられてしかるべきだろう．この点を念頭に置いて，次にカントの第一アンチノミー論をまとめ，シェリングによるカントの第一アンチノミー批判を検討したい．

2 カントの第一アンチノミー論とシェリングによる批判

カントのアンチノミー論は，可能的経験が我々の概念に実在性を与えていることを間接的に示すことを目的としている (B517)[7]．空間と時間の直観形式に囲われている現象の総体 (B446) から逸脱した領域に立って，すなわち超越的視点に立って世界概念を弄すること自体[8]，そもそも論証が一義的に不可能な虚妄であり，みせかけの問題，つまり超越論的仮象にすぎないことを示すことである[9]．第一アンチノミーとは，世界が，時間におけるはじまりと空間における限界をもつ（定立），時間においても空間においても限界をもたず無限である（反定立），という二つのテーゼがともに論証可能であることを示し，論争が収束しない事態を暴き出し (B529-B530)，こうした論争に終止符を与える手段は経験にしかないこと (B452-B453)，を示すことを目的としている．この際注意すべきは，アンチノミー論の成立が，空間と時間の超越論的観念性と表裏一体であるということである．というのも仮に，最初から時間や空間が物自体として

の絶対的実在性を帯びているとすれば，カントは定立，反定立の間の論争を超越論的仮象として一蹴できないことになるからである．アンチノミーがアンチノミーであるためには，カントが経験の可能性条件を超越論的感性論の中で論じた空間と時間の観念性を伴った「超越論的観念論」（B519）の正当化が同時に必要となるのである．

　ではここでシェリングによるカントの空間論批判と第一アンチノミー批判を整理してみよう．前節で簡単に触れたが，シェリングは自然の概念を拡大することによって物自体の問題を解決しようとした．したがって，彼の空間の根拠付けもこうした枠組みにおいて理解されるべきである．シェリングは，まず，「空間は全くもって概念の外にある何ものかである（その限りカントは全く正しく空間の表象は単なる直観に基づいて説明されるべき）」（354）と述べ，カントのように空間が直観に基づく点を是認する．しかし，「カントは空間の単なる主観性を主張するから，我々は空間の客観性を主張するのである．したがって，彼の理論は我々には妥当性しない」（355）と宣言する．「カントの理論，つまり空間が単なる主観の表象に従うということが根底におかれているという真理は以下のようなものである．すなわち，空間はそれ自体としては全く受動的で，死んでおり，絶対的に主体なく，非実在的Unrellesで，そして同時にア・プリオリな何ものか」（358）と，シェリングはいう．つまりシェリングは，空間は主観に属する非実在的性質をもつのではなく，むしろ客観的で実在的な性格をもつと考えている．

　また，シェリングは，カントの論証には不十分なところがあると指摘する．カントは「空間の形而上学的究明」の箇所で，空間は我々の直観に付随する規定であることを示し，それを一つの純粋直観として提示している（B37-B39）．しかしシェリングは，「カントは空間が一つの規定であることからさらに進んで**我々の直観の形式がただ一つである**こと，つまり，直観が諸対象自体に，我々の直観に非依存的に帰属されることはないと結論付けた．しかし，こうしたことは彼の証明からは導きだせない」（355）と論じている．シェリングは，むしろ「我々が諸対象を除いたところに空間よりほかに表象できないことから，空

間は諸対象とア・プリオリな関係をもっている」(355) とだけ推論されるべきだというのである．カントに従う限り，確かに空間はその本性において，問題を抱えている．「空間自体は存在しえない．というのも空間の中に主体（基体）がないからである．しかしやはり空間はある」(362) と．カントのように空間を主観と結び付けなければ，空間の経験に関する認識論的な意味での存在が保証できないが，かといって，そうでなければ空間が存在しないとまではいえない．ここでいわれている問題は，カントの立場（空間の主観的観念性）から生じる問題であり，シェリングは，自分の立場（空間の客観的実在性の立場）からは解決されるという．この点を次にみていこう．

　繰り返しになるが，カントは空間と時間の有限性（定立）と無限性（反定立）の対立を超越論的観念論の立場からみる限りで，アンチノミーとして捉えた．カントは経験を可能とする悟性概念にとっては，定立において論じられる世界は小さすぎ，反定立におけるそれは大きすぎる，と論じている (B514-515)．我々は世界全体を眺望しようとする「漸次的遡源Der sukzessive Regress」という方法に必然的に陥るが，悟性概念が時間と空間の形式との連動による経験的使用によらない限り，意味のある命題が成立しない，とカントはいう．したがって，定立の場合，漸次的遡源に投げ込まれた悟性概念は途中でその遡源があっさり完結してしまうが，その完結自体を規定している空虚な枠組みを問わなければならなくなる．反定立の場合は，この完結に永遠に至らないという問題が生じる．

　シェリングは，カントの論証について次のように論じる．まず，定立の論証についてみてみよう．カントは空間が無限であると考えた場合，無限な世界全体の部分による漸次的な綜合が完結しないという議論を行っている (B456)．しかし，シェリングによれば，こうした論証は，1 を得るために，$\Sigma \frac{1}{n}$ (n は 2 以上の自然数）の無限級数和の計算をしても，1 が得られないことをいっているだけの論証にすぎないのである (372-373)．シェリングからみれば，今の例でいえば，我々は世界全体を最初から 1 という理念として前提しているのであり，

部分から1が組み上げられるという前提こそ仮象である，ということになる．むしろ，カントの証明からは「世界が我々とは非依存的に無限で限界がないということ」(373) が帰結されるだけである．

次に反定立の場合をみてみたい．カントは空虚な空間が諸物からなる世界全体を限定していることに問題をみている (B455-B457)．しかし，カントもそのアンチノミーでの注で明言しているように，反定立において批判される世界は感性界（現象界）の量規定が前提されている世界である (B461)．シェリングはこのカントの反定立における前提を批判する．すなわち，シェリングは「(カントはその際，世界を，はっきり一つの世界として，すなわち，延長的物質的世界として仮定した.) しかし，上の仮定（すなわち，物質的世界がかの感性において**絶対的な**全体であるということ）は，何の証明のなく前提されたことにすぎない」(374) と述べている．シェリングからみれば，カントが論じた世界全体の理解そのものが一つの誤認，思い込みということになる．

シェリングの定立，反定立批判に共通していえることは，シェリングが空間の概念を考えるに際して，カントとは異なる視点をもっているということである．カントはあくまで空間と時間の超越論的観念性から，現象界を，アンチノミー論を測るための基準にしている．しかし，シェリングは，次のような立場にいる．「宇宙Das Universumは単に物質からできているのではない，否，正確には物質の中にあるのではない．真なる宇宙を，我々は，物質的で感覚的にみえている宇宙とは反対に，叡知的intelligibleと名付ける」(379)．つまり，シェリングは，宇宙のあり方を，現象界から離れた概念で規定している．

シェリングの宇宙観そのものの内容については本章の趣旨から外れるため，これ以上論じない．しかし，シェリングのように，宇宙を現象界レベルと叡知界レベルに分けてしまうならば，アンチノミーが導出されないことは当然であろう[10]．叡智的な（真の）宇宙そのものの中で「感性的・物質的宇宙」を限界付けられた世界としてみやるならば，物自体そのものを叡知的宇宙に帰属させることにより，問題は単純化されるのである．また，シェリングの枠組みでは，

空間の絶対的実在性の選択は空間の超越論的観念性の放棄を意味しない．むしろ，空間は本源的には絶対的実在性をもつが，その場合の空間は超越論的観念性において語られる空間と全く同じである必要はないのである．叡知的領域での空間はもはや「派生的直観intuitivus derivativus」すなわち感性的直観ではなく，カントが否定した「根源的直観intuitivus originarius」，つまり初期のシェリングがたびたび用いた「知的直観」によって理解される空間であってもよいのである（B72）．

3　カント哲学の立場からみたシェリング批判への応答

　晩年のカントがシェリングの自然哲学に関心を示していたらしいということはよく知られている[11]．それは，『判断力批判』以降，カントが問題とした有機体の存在論的位置付けにかかわる問題を中心とした関心であったといわれている．それにも拘らず，カントがなぜシェリングの立場に身を置かなかったのか，ここで簡単に整理しておきたい．

　カントはフィヒテに始まる自身の超越論的観念論の拡大解釈に対して極めて懐疑的であった[12]．カント自身が「超越論的演繹」の論証の際に注意していることであるが，カントは認識に関するア・プリオリな概念がいかにして対象にかかわるかについての権利問題としての超越論的演繹と，いかにして概念が我々に所持されたかという認識の起源に関する経験的演繹とを分け，前者が課題であり後者は無益であることを論じている（B116-B124）．カントはロックらイギリス経験論の心理学・生理学な問題設定の不合理性，すなわちア・プリオリな概念が経験的に導き出されることの不合理性を表明しているのである[13]．しかし，ア・プリオリな認識の枠組みの起源については，カントは問題を明示していない．その理由は，ア・プリオリな認識能力の起源を問うことは，ア・プリオリな認識能力を超えた視点によってしか理解できないからであり，その問題設定自体が超越論的仮象に，すなわち超越論的弁証論に陥るからである．したがっ

て，経験的抽象化と超経験的推論との中間において超越論的演繹は遂行され，それが解決されるべき課題のすべてであるとカントは考えていた.

しかしシェリングの世界理解，宇宙理解の地平は明らかにカントの限界設定を踏み越えている．ア・プリオリな概念の起源を説明するために同じ相にあるア・プリオリな概念でそれを説明することは，本来「循環論証の虚偽」(B721) に陥る．また，前期シェリングが頻繁に論じた知的直観を人間の認識能力として認めないカントにとって，シェリングの議論は悪しき思弁でしかなく，よくいっても，せいぜい「かのような」みなし (B713, B728) でしかないことになろう.

4 カントの直観論の再検討

ではシェリングのカント批判は全くの不毛な仮定に基づいているのであろうか．ここで，最初の問題に戻って，カントの議論に含まれる問題を，もう一度シェリングの批判を考慮に入れつつ，精査してみたい.

カントは，空間の超越論的観念性の放棄が，空間の絶対的（客観的）実在性に陥るという二分法に立っていた．しかし，シェリングの枠組みでは，先に述べたように，空間の絶対的実在性の選択は空間の超越論的観念性の放棄とはならない．空間は本源的には絶対的実在性をもち，それは，知的直観によって理解される空間あるいは時間であってもよいのである．知的直観は直観される対象の存在が直観（の仕方）によって与えられる．この点が，主観の表象能力が対象の存在によって触発される感性的直観と異なる．ただ，確認すべきは，シェリングも，空間は感性の直観形式における対象について現実性をもつ，という見方を捨ててはいないということである．むしろシェリングの場合，カントが事実問題として避けた空間の起源に関する問題について，カントが踏み込まなかった枠組みを設定し，敢えてそこに立っているということが重要なのである.

こうしたことを踏まえてシェリングのカント批判を考えてみると，興味深い

論点が浮かび上がるだろう．シェリングが第一アンチノミーを批判する際，カントの空間概念には限界付けの観点がない，という点をシェリングは指摘しているように思われる．先に簡単に述べたが，カントは空間を純粋直観として理解されるべき理由として「空間の唯一性」と「与えられた無限の量としての表象」（B39-B40）を挙げている．ところで，唯一の無限なる表象が空間の特徴であるならば，空間の外側に物自体を設定することは，アンチノミーの議論において空虚性を空間の外側に設定することと，ほとんど変わらないことになるだろう．物自体によって（空間にかかわる）感性が触発されるという事態は，感性が限界付けられた空間表象として設定されていることになるからである．逆に，感性が無限の量である表象を可能とするならば，カントが定立の論証の中で述べた無限の全体を単位（部分）の綜合として捉える議論は（B454-B456），空間が物自体によって限界付けられた表象であるという論理，つまり物自体の設定そのものの論理を破綻に導く可能性さえある．

　つまり問題の根幹は，カントが空間表象から概念性をはぎ取って直観能力に帰属させたとき，空間の唯一性を物自体の観念を残したまま，主観的な超越論的観念性の枠の中に押し込めたことにあるのである．超越論的観念性として空間が無限な表象であるなら，我々には空間の外側の対象への思考は事実問題として抹消されなければならなくなる．しかし，カントはバークリやフィヒテのような道をとらず，経験的実在論の観点を維持したまま無限な空間表象の外側を設定した．経験的実在論を保持しつつ，なおかつ空間の主観における超越論的観念性を維持し，さらに物自体を議論可能にするには，換言すれば，カントの認識論の枠組みを極力保持しつつ，物自体の問題を整合的に解釈可能にするには，空間の概念の拡張がまずもって有力な方途であろう．つまり，より根源的，一般的でレベルの異なる空間を設定することで，カントの超越論的観念性と感性的直観の役割を保持できるのである．

　感性的な空間を可能にしている空間領域を設定すること，これがシェリングのとった道である．このことは，空間の表象が感性に関しては唯一であり，無

限な量でもあるが，その表象を根源的空間の現実的姿とみなし，同時に感性的表象はこの根源的空間の帰結とみなすことでもある．これにより，物自体が感性的直観を触発するという，現象世界を超えた領域に因果作用に類似した連関性（触発論）を想定することが出来るようになる．言い換えれば，物自体と感性的直観は本来，出自が同じであると前提することで（自然と精神の同一性），それらが相互に最初から親和性をもっていると考えることを可能とする[14]．こうすることで，物自体を最初から感性的直観に関連付けられた客観として設定でき，カントの触発論に関する問題も回避できるのである[15]．

　また別の問題も指摘できる．第2節で触れたように，カントは空間と時間が有限であることを，悟性概念にとって小さすぎると述べたが世界を物質的総体としてみることは，経験的実在論に立つ見方としては不当ではない．それにも拘らず，この見方をアンチノミー論の中で反定立の論証に用いて，空虚な空間に関するテーゼをもち出すこと自体が，現象としての空間とそうでない空間の二分法を認めてしまっていることになっている．シェリングが述べる叡知的な宇宙に関する議論も，まさに，このカントの論証の不十分さを指摘した上での議論であった．

　さらに現象を可能にする空間が唯一であることを論証すること，すなわち，空間の超越論的究明と，空間それ自体がいかに規定されるかは本来別の問題のはずである．しかし，カントは，空間の形而上学的究明でなされている空間規定の問題を，現象世界を可能にする我々の認識のあり方の正当化の問題，つまり超越論的究明の問題へとそのまま直接にシフトさせてしまった．すなわち，空間の性格付けの議論と空間的直観による経験的世界の可能性の論証が，あたかも一義的に決定されていて，一対一対応であるかのような印象を与えてしまっている．しかし，空間の規定それ自体は，それが直観による規定であることを認めたとしても，必ずしも一義的に確定できるとは限らないはずであろう[16]．

　シェリングは，経験的実在性を可能にする超越論的観念性としての感性的な局面でのカントの空間規定を保持しようと努めたため，空間の一般化（叡知界化）

の道をとらざるを得なかった．しかし，カントが論じた空間の唯一性を捨てる
道もあるだろう．純粋直観であることが，どうして，空間の唯一性や無限量の
表象と結び付くのかという問題に切り込む方法もある．さらに，後のヘーゲル
や新カント派，あるいはCh. パースなどがとったように，直観に空間の性質を
直接帰属させないという別の道もある．

お わ り に

　カントが物自体を設定した理由は，外的世界を主観の外に確保し，現実を夢
や幻影から分けるためでもあった．このことは超越論的観念論の意義が，バー
クリ的な経験的観念論と混同されることを避ける方法でもあった（B519-B520）．
しかし，物自体が，現象を可能にする主観的観念性としての空間直観の外側に
設定されること自体が，第一アンチノミー論を自ら招き寄せているともいえる．
また，シェリングのとった方法を顧慮すると，空間の超越論的観念性と絶対的
実在性が背反であるとは必ずしもいえない．というのも，それらが背反事項に
なるのは，この場合，どういう地平（領域）で直観機能を論じるかということ
に強く制約されているからである．

　本章では，シェリングのカント批判に沿って空間論を中心に話を進めたため，
時間については主題的に論じられなかったが，基本的な問題は並行して論じら
れる．むしろカントの時間論と空間論が図式論において古典物理学的な現象の
認識論的側面を説明する学説の一つである以上[17]，時間と空間の問題は無関係で
はありえない．また，空間は唯一的なのかどうか，これは，空間が大域的な性
質を本来もち得る対象なのかどうか，について考えることにもつながる．

　注
　1）［11］のS.31の指摘を参照．
　2）［12］参照．ここではシュレーター版のシェリング全集の第Ⅴ巻に従い，以下，引用
　　　箇所については，この版のページを示した．なお引用中の太字は原文中の強調箇所で

ある.

3) 例えば, [1] の, 86～96ページと, そこに挙げられている参考資料を参照のこと.

4) 私が知る限りこの講義録を紹介した論文は, 西川富雄の [4], 77～100ページ, しかない. この論文から, 文献を含め, 多くを学ばせていただいた.

5) フィヒテの空間論の知識学との連関をみるには, 『一般的略図における知識学』(*Die Wissenschaftslehre in ihrem allgemaeinen Umrisse*, 1810年) の「空間・時間」の箇所を参照されると, 分りやすい.

6) ヘーゲルの『精神現象学』(1807年) の「感覚的確信」の箇所は有名である.

7) カントの『純粋理性批判』[10] からの参照箇所については, アカデミー版のページ付けに従い, 第二版 (B版) のみ示す.

8) 正確には, 世界概念は自然概念と対になって用いられ, 前者は現象の数学的全体を意味する(B445-B448). そのため第一アンチノミーでは数学的量による論証が使われる. ここに現れる「概念」とは, 一般に「純粋理性概念」すなわち「理念」のことである.

9) 知覚などに関する経験的な仮象 (見誤りなど) ではなく, 理性そのものの使用に巣くう錯誤のこと (B352) である. 拙論 [5], 113～129ページ, などを参照されたい.

10) [9] のS.367-368の指摘とそこにある図が参照になる.

11) [13] を参照. 逆にカントが初期シェリングに与えた影響としては [6] の130～137ページを参照.

12) [3] の90～91ページ, を参照.

13) 第二版では時間と空間の超越論的究明が書き加えられたが, この究明も超越論的演繹とほぼ同じ問題設定の中で遂行されている (B121).

14) このことは1800年以降, 同一哲学期のシェリングの体系を考慮してみると分る. 1802年の『ブルーノ』([2] に所収) の後半, 338ページ以降の, ブルーノが論じる「絶対的統一態」の議論を参照されたい.

15) 一般的にいえば, カントの触発論の問題とは, 現象界でのみ意味をもつ原因結果の関係 (のカテゴリー) を物自体と感性の間の非現象界的領域にまで拡張し得るかどうか, という問題である.

16) 山本道雄はカントの時間論を可能的経験の原理と関係付け, ただ一つの時間をカントが要請したことを解き明かしているが, 空間についても同様のことがいえるのだろう. 山本道雄「一なる時間――第一類推論――」([7] に所収) 参照.

17) [8] S.415-420, にある文献と内容の整理を参照されたい.

参考文献

[1] 浅沼光樹「(研究ノート) 神の外なる自然と神の憤怒――後期シェリングの自然理解に関する一考察――」『シェリング年報　第5号』(日本シェリング協会 編), 晃洋書房, 1997年.

[2] 中公バックス『世界の名著　43　フィヒテ　シェリング』, 中央公論社, 1980年.

[3] 長澤邦彦「超越論哲学としての「知識学」」『講座　ドイツ観念論　第三巻　自我概念の新展開』, 弘文堂, 1990年.

[4] 西川富雄「空間論小稿――カントとシェリングの所説をめぐって――」『立命館文学

2』（立命館大学人文学会），1959年.

[5] 藤本忠「「超越論的仮象」を支える論理学——『純粋理性批判』における二つの「論理学」の成立をめぐって——」，北海道大学哲学会『哲学』第38号，2002年.

[6] 松井淳「（研究ノート）初期シェリングにおけるカント哲学の影響」『シェリング年報　第20号』（日本シェリング協会　編），こぶし書房，2012年.

[7] 山本道雄『カントとその時代——ドイツ啓蒙思想の一潮流——』，晃洋書房，2008年.

[8] M. Caimi, The logical structure of time according to the chapter on the Schematism, in: *Kant-Studien, Bd. 103*, 2012.

[9] W. Gent, Die Kategorieren des Raumes und der Zeit bei F. W. J. Schelling, in: *Zeitschrift für philosophische Forschung, Bd.1*, Meisenheim/wiem, 1946.

[10] Immanuel Kant *Kritik der reinen Vernunft*, A1781/B1787/カント『純粋理性批判』（高峯一愚　訳），河出書房新社（『世界の大思想』所収），1965年.

[11] J B.Lotz, Die Raum-Zeit-Problematik in Auseinandersetzung mit Kants transzendental Ästetik, in: *Zeitschrift für Philosophische Forschung Bd.3*, Meisenheim/wiem, 1954.

[12] Darsterllung des Naturprocesses (1843-44).：シュレーター版のシェリング全集の第Ⅴ巻（Schellings Werke von M. Schröter, München, 1928）.

[13] B. Tuschling, Apperception and Eter: On the Idea of a Transcendental Deduction Matter in Kant's Opus postumum, in: *Kant's Transcendental Deduction-The Three Critiques and the Opus Postumum-*, California, 1989.

第4章 フィヒテの根源的直観論

概　要

　フィヒテは，カントの嫡流を自認し，実践理性の優位の立場から，カントの感性の諸能力やカテゴリーを純粋自我の自己運動によって構成する．したがって，時間と空間は，論理的には自我の運動の後に形成されるのである．ここに，カントがア・プリオリな能力の中に先置し，遡及不可能としておいた時間と空間に関する一種の生成の物語が生まれる．前章で論じたシェリングの場合は，この生成の議論が，自然による自発的な形成論へと発展したのであった．

Keywords：知的直観，知識学，自我の運動

は じ め に

　先に我々は，後期シェリングによるカントの直観論の批判を通じて，カントの直観論がもつ特徴及び問題点を明らかにした．[1] シェリングはカントの直観論を基本的には認めつつ，カントが提示したアンチミーの問題や物自体の問題を考慮に入れ，より大きな枠組み，すなわち自然哲学の枠組みを提示し，カントが明らかにした人間の認識能力（今の場合，感性的な直観形式）を整合的に説明しようとした．シェリングによればカントの感性的な直観形式は，根源的な宇宙の副次的領域（感性界・現象界）において健全に機能するのである．しかし，その領域にとどまっているだけでは物自体やアンチノミーの問題は上手く処理できず，理解もできないというのがシェリングの見解である．シェリングのこう

した立場は，しかし，カントの哲学の直接的な帰結ではない．シェリングの自然哲学とカント哲学の間にはフィヒテの哲学が存在する．シェリングの見方は，フィヒテの超越論的観念論，すなわち「知識学（Wissenshaftslehre）」の拡大版であるというのが一般的であろう[2]．フィヒテは『知識学への第一序論』（1797年）の冒頭で強調しているように，自らがカントの正しい解釈者であり，カントがなそうとしてなしえなかった認識の超越論的観念性を，つまり客観（対象）が認識能力によって定立され規定されるのであって，その逆ではないことを立証しようとする．したがって，シェリングのカント批判をより正確に理解するためには，フィヒテの直観論の解釈を検討しておくことが，歴史的経緯からみても，是非とも必要である[3]．

　この章では，こうした目的のため，フィヒテの『全知識学の基礎』（*Grundlage der gesamten Wissenschaftslehre*）（1794/95年）を中心に，1810年の『知識学概要』（*Die Wissnschaftslehre in ihrem allgeminen Umrisse*）も参考にして，フィヒテがカントの直観論をどのように批判的に再構築していったのかについて考察する[4]．なお，フィヒテの直観論の具体的な内実については，初期や中期の著作である『根源哲学についての私独自の考察』（1794年），『実践哲学』（1794年），『人間の使命』（1800年），『知識学の特性要綱』（1802年）などの中に重要な記述があることが知られている[5]．ここでは，これらを猟渉することはできない．ここでは，特に，『知識学の特性要綱』が，公刊されたテキストとして比較的まとまっており，フィヒテ研究上，重要であることだけ付言しておきたい．

　次節でフィヒテの『全知識学の基礎』（以降『基礎』と略）の内容を概観し，第2節において，フィヒテの直観論の見解を，ア・プリオリな綜合的判断の観点を軸に考察する．その後，カントの立場からみたフィヒテの立場の問題点を考え，最後に，より簡潔に体系づけられたフィヒテの思想を，1810年の『知識学概要』（以降『概要』と略）から読み解きつつ，フィヒテによる直観能力の位置付けとカントの直観論の問題点について理解を深めたい．

1 フィヒテによるカントの継承

　周知のように，『基礎』はフィヒテがその後に改訂をし続けていく知識学の原型となっている．一般に理解されている歴史的見解をここで簡単に敷衍すれば，フィヒテの目途は，カントによる理論理性と実践理性の統合を，実践理性の優位に基づき，純粋自我の自己運動，すなわち「事行Tathandlung」によって体系的に完遂することである[6]．この事行は意識の根源にあって意識そのものを可能とする原則である (1.91)．したがって事行それ自体を論証することはできない[7]．フィヒテがこの事行の表現である純粋自我に至るまでには，よく知られているように，ラインホルトによる「意識の命題 Satz des Bewußtseins」，すなわち，意識による表象Vorstellungの二つの形態の理論がある[8]．フィヒテの純粋自我（絶対自我）はこのラインホルトの意識の原理のさらに背後，根底を指し示している．そこには，意識を出発点にすることでは十分な説明が不可能な，人間の表象，意志，感情などの説明原理に関するフィヒテによる模索がみて取れるだろう．後で触れるが，実際『基礎』の「表象の演繹」(1.227以降)で論じられる諸問題は，このラインホルトの課題が引き継がれており，さらにフィヒテの独自な見解である自我の直観作用と産出的構想力についても，そこで考察されている．

　『基礎』はこの純粋自我の絶対的能動性の自己定立を第一根本命題とし，これまた論証されることができない第二根本命題，すなわち非我Nich-Ichが反定立される[9]．そして，この唯一の絶対自我と反定立から一種の制約性をもった（有限的）自我が，可分的なteilbar自我（同時に可分的な非我）として定立される[10]．これら三つの根本命題の中で，形式論理的規則である同一律，矛盾律，根拠律が導き出され，さらに同時に基本的なカテゴリーである実在性Relitätのカテゴリー，否定性Negationのカテゴリー，規定（限定）性Bestimmungのカテゴリーが導出される．ここにはカントが『純粋理性批判』で行ったカテゴリーの「形

而上学的演繹」と「超越論的演繹」の抜本的な再構成がみられる[11]．

　これ以降，『基礎』の中で，フィヒテは，カントが提示していたカテゴリーを，自我の運動とその制限のあり方を究明しながら，「**自我は自己を非我によって制限されたものとして定立する**」(1.126) という特徴が与えられている「理論的自我[12]」の中で，交互限定のカテゴリーや因果性のカテゴリー，あるいは実体性のカテゴリーなどを導出する．また「実践的自我（実践の学の基礎）」の箇所(1.243以降) では理論的な自我において現れてくる制限性や表象における（自我に対する）障害の起源の問題が論じられる．実践的自我には，「自我は非我を自我によって制限されたものとして定立する」という特徴が与えられ，感情を含む行為の基礎が与えられる．

　『基礎』の前半部，理論的自我に関する箇所において，フィヒテは，彼自身のカテゴリー論を展開しているとみてよいが，カントが『純粋理性批判』の中で真っ先に論じた「感性論」が『基礎』には存在しないのである．では，カントの後継を自認するフィヒテは，このカントの感性論を自身の知識学の中でどのように扱っているのだろうか．それを考えるためには，フィヒテが，カントが形而上学の再構築のために掲げた重要な問題意識である「ア・プリオリな綜合的判断」を，どのように理解していたかをみていくとよいだろう．

　この問題に入る前に，一つの例として因果性のカテゴリーをフィヒテがどのように導出しているのか簡単に考察しておきたい．出発点は第三根本命題である．先に引用したように，理論的自我は非我によって「制限されている自我」として特徴付けられているのだが，非我自体は否定性の原理として実在性とは対極にある．「非我は自我に反定立されている．自我の中には実在性があるように，非我の中には否定性がある」(1.129)．

　ところでフィヒテによれば非我が自我を制限している以上，そこには一種の実在性が認められるという．すなわち，「したがって，自我は非我の中へ実在性を定立する限り，自己の中へ否定性を定立し，かつ，非我の中へ否定性を定立する限り，自己の中へ実在性を定立する」(1.130) から，結果として「**非我**

は自己自身の中に実在性をもつ」(1.132) ことになるというのがそれである．この実在性をもち，かつ，もたない，という自我と非我の関係を，フィヒテは自我が（非我を）受動するかぎりで非我は実在性をもつ，と解釈し (1.135)，非我に能動性を与えることで，作用性Wirksamkeit，すなわち因果Kausalitätを導出する．ここで我々が自我と非我の働きから因果性を導き出したフィヒテの考察を追う時，そこに全く時間の要素が介在していないことに驚かされる．

　普段，我々は，原因と結果の関係を時間の中で意味付けている．カントの場合，因果性のカテゴリーはア・プリオリな純粋悟性概念であって経験から抽象された概念ではないとされるが，そうしたカテゴリーが感性を無視して使用されることは無意味（超越論的使用）なのである (B304-B306)．[13] しかし，フィヒテは次のように述べている．「作用性の概念において，今演繹されたように，経験的な**時間的制約**は完全に捨象されるべきである．そして，この概念は，経験的な時間的制約がなくとも全く十分に考えられる．……時間はまだ演繹されていない」(1.136)．確かに，カントの因果性のカテゴリー自体は時間とは関係はなく，一般論理学との関係から導出されている（形而上学的演繹）．この点に限っていえば，フィヒテが論じていることは，カントの形而上学的演繹との関係でいうならば問題はない．しかし，フィヒテが上の引用で論じている演繹という言葉にカントの超越論的演繹が含まれているとすると，カテゴリーの妥当性に関して大きな問題が生じる．フィヒテはカントの形而上学的演繹と超越論的演繹の抜本的再構成を試みたと先に述べたが，この点については，第3節で論じたい．

2　ア・プリオリな綜合的判断とフィヒテの知識学の方法

　カントにとってア・プリオリな綜合的判断は，悟性と感性の協働の作業の結果である．時間と空間の直観形式である感性に対象が与えられ，それを悟性の能力である判断力によって命題の形に整えられる（命題として概念の下に包摂される）．この作業は，図式において遂行される．ここで働く図式は，カントにお

いては「ア・プリオリな純粋な構想力」（B181）であり，これは形像das Bild を経験的に可能とする産出的構想力とは区別される．産出的構想力による形像は純粋悟性概念と完全に一致せず，この一致には，純粋な構想力が必要とされる[14]．また，カントによれば図式は，規則に従ったア・プリオリな時間規定（B184）でもある．したがって，感性との協働が純粋悟性概念に意味を与えるのである．それゆえ，カントにおいては，ア・プリオリな純粋悟性概念は悟性概念の外，すなわち感性へ出なければならない．悟性の外へ出ることが，知識の拡張であり，まさに「綜合」を可能にするのである．

　ところで，フィヒテはこのことについて，第三根本命題を論じる中で，次のように述べる．「カントが『純粋理性批判』の冒頭に提示した有名な問題，「いかにしてア・プリオリな綜合的判断は可能であるのか」は，今や最も普遍的な仕方で答えられている．我々は，第三根本命題において，互いに反定立している自我と非我の間に，両者の可分性を定立することを通じて，綜合を行った．この綜合の可能性については，これ以上問うこともできなければ，その根拠も示せない」（1.114）．そして他の全ての綜合の問題はこの第三根本命題に全て含まれる，とフィヒテはいう（1.114）．この段階では，まだ，悟性や図式は議論されていないが，フィヒテの議論に従う限り，カントの意味する「綜合」とフィヒテのいう「綜合」の意味は一致していない．

　フィヒテのいう綜合は，自我と非我の関係の脈絡で論じられている．もし自我を悟性とみなし，非我を感性（の質料）とみなすことが許されるならば，自我と非我の綜合というアナロジーは完全には理解不可能ではないかもしれない．しかし，第一根本命題である自我の純粋活動がフィヒテの哲学の第一原理である限り，カントのように，自我の外の世界の自律性は，『基礎』においては，実は認められないのである．この点をもう少し考えるために，『基礎』「理論的知の基礎」の最後に置かれている「表象の演繹」と，続く「実践の学の基礎」から，いくつかの分析をしてみたい．

　まず「表象の演繹」の箇所で，はじめて「理性」や「悟性」が導出される．

その導出のための方法は自我の自己直観である．「**自我は直観するものとして自己を定立すべきである**」(1.229)．この直観は，感性的な直観でなはない．純粋自我の自己運動の別のあり方を規定しているのであり，これは産出的構想力と関係し，理性や悟性を導出し，特徴付ける．「悟性は，理性によって固定された構想力として，あるいは構想力として客観を与えられた理性として説明される．悟性は心の静かで，非活動的な能力であり，構想力によって産み出され，理性によって限定されたものや，さらに限定されるべきものの単なる保持者である」(1.233)．

　ここからみてとれるように，理性や悟性は直観作用や構想力の運動の結節点でしかない．同様に，判断力も構想力による直観作用の結果として導出される(1.241-242)．カントであれば悟性や理性は，理性的存在者にア・プリオリに与えられた能力であり，その起源を問うこと自体，弁証的であるため避けられた．しかし，フィヒテはこうしたカントの禁を破っているように見受けられる．フィヒテにとって認識や思惟の対象は，自我の直観の構想力によって対象化されたもの，つまり非我である (1.230)．したがって，感性的な質料は，事後的，副次的な産出物であり，自己の内的世界の外側に確保されていない．

　このことを端的に表すのが「実践の学の基礎」で論じられるフィヒテの主張である．フィヒテによれば，物質は我々の外にあるのではなく，むしろ主観的なものを物質に移しているのであって，「物質そのものは決して感官に属するのではなく，むしろ産出的構想力によってのみ企図され，考えられることができる」(1.315) とされる．本来，全く主観的な対象を主観の外側に，つまり外部空間にあるとみなすことで，物質が外部にあるという見方がつくりだされる(1.314)．

　以上にみられるように，フィヒテの観念論は，少なくとも『基礎』においては，哲学史において人口に膾炙した表現を借りれば，「主観的観念論」である．つまり外部の世界との接触の経路が不要なのである．それゆえ，カントの感性的直観にあたる能力を重視する必要がない．

3　カント哲学の立場からみたフィヒテの直観論

　まず，産出的構想力の意味から考えてみよう．『純粋理性批判』の第一版と
第二版の間では構想力の記述に大きな違いがみられるため，細部に立ち入るな
らば，フィヒテの『基礎』の解釈にも若干の影響がないとはいえない[15]．しかし，
『基礎』でみられるような形で，産出的な構想力が使用される例は（B181），『純
粋理性批判』には見当たらない．そもそも感性の直観以外の直観，すなわち自
我の直観作用をカントは認めていない（B33）．その限りで，フィヒテの産出的
構想力は，カントが図式の前段階としている経験的能力とは明らかに異なる．
カントは『判断力批判』の中の「趣味判断」の箇所でも，かの有名な「法則な
き合法則性」としての産出的構想力について述べているが，ここにおいてもフィ
ヒテのような直観作用との関係は指摘されていない．つまり，フィヒテの産出
構想力は，自我の事行の言い替えとも解釈できる自我の直観作用に伴う非経験
的な作用を意味している．加えて，その直観作用は経験的な対象を直接可能に
する作用ではない．それゆえ，フィヒテにおいては，経験要素と非経験的な要
素を分かつ基準がはっきりしなくなるのである．

　そもそも，カントにおいては，経験される世界（現象界）の可能性の条件を
問うことが経験世界の認識の基準ともなっていた（「超越論的真理」（B185））．特
に原則論における図式に関していえば，先に触れたように，規則に従った時間
規定があればこそ，現実に生起する事象を規則的に認識できるのである．もし，
こうした基準が保たれなければ，生起する事象が，果たして夢なのか現実なの
か，何によって測られるのであろうか．感性的直観を外的世界（主観と異なる世界）
との接触面に保持しておくことは，こうした主観的観念論，あるいは，独我論
的唯心論と袂を分かつために必要な要素であろう．実際，カントは，『純粋理
性批判』の第一版が，唯心論的な誤解を受けかねないと判断したために[16]，第二
版でこの誤解を解こうとしたともいわれている．こうした点については，『基礎』

では十分な解決，解答ができていないと思われる[17]．このことと関連するが，次に，演繹の意味について考えてみよう．

　フィヒテは時間と空間の観念性について次のように論じる．「カントは客観の観念性を前提された時間と空間の観念性から証明する．我々は反対に，時間と空間の観念性を客観の証明された観念性から証明するであろう．カントは時間と空間を充たすため，観念的客観を必要とする．我々は観念的客観の定立を可能とするために，時間と空間を必要とする」(1.186)．ここでみられるのはフィヒテとカントの客観（もしくは対象）の意味のズレである．カントにとっても，もちろん，客観といわれた場合，単なる思考の対象や弁証論での対象（神，魂，宇宙）も含まれる．しかし，時間・空間の（超越論的）観念性が要求されるときは，普遍妥当的な対象，すなわち，規則付けられた経験的認識の対象を意味している．そのため，時間と空間の超越論的観念性の論証（「超越論的究明」）が概念とは別のレベルでまず必要とされ，その後で，カテゴリーの演繹がなされる．なぜなら，直観は概念ではないため，カテゴリーの妥当性論証は直観とは別になされなければならないからである．しかし，フィヒテは自我の直観作用によって客観化（産出）された対象にそのまま超越論的観念性を付与している．自我の運動の中で，結果的に感官の対象が生じるのであるから（これは先に述べたように，フィヒテによれば実は主観的な世界にある），フィヒテの対象には「普遍妥当性」がどこにも確保されていない．

　また，カテゴリーの演繹についても大きな問題が横たわっている．カントのカテゴリーの形而上学的演繹は，それが上手くいっているかどうかは別として[18]，先に述べたように，一般論理学（形式論理学）との対応からカテゴリー表が見出されるという，すぐれて形式的な操作である．この点についてはフィヒテの手続きはそれなりに理解可能である．ところが，カテゴリーの超越論的演繹は，カテゴリーの権利保証，つまりカテゴリーがア・プリオリに対象に妥当するかを説明する手続きである．しかし，フィヒテのように，自我の自己直観が産出していく対象が世界の全てであれば，いかにして感官の対象とカテゴリーが整

合的にかみ合うのか，という問題は生じえない．最初から，主観の自己直観の世界しかないのだから，私の世界としての世界が私に妥当するのは当然である．しかし，だとすると，先の問題に戻るが，私に妥当する世界が，「私」を超えて「他者」とどう関係しているのか，私と他者は非通訳的なのではないのか，という疑問については，『基礎』におけるフィヒテの説明では十分理解できないのである[19]．こうした事態を端的に表しているのが，フィヒテの次の論述であろう．「客観的妥当性を各人に与えるのは，客観に関する各人の意識であるが，この意識は**ア・プリオリには**ただ要請されるだけであって，演繹されることはできない」(1.253)．

　フィヒテはカントがなさなかったカテゴリーの獲得経緯の演繹すなわち「経験的演繹」(B117) を，ア・プリオリな方向に逆転させたとみるべきである．ここで逆転というのは，次のことである．カントが彼の哲学の重要な課題としなかった経験的演繹は，直接的にはイギリス経験論，特にロックの発達心理学的記述を指す[20]．しかし，フィヒテはこの問題を非経験的な方向へ，つまりア・プリオリな獲得の方向へ，ひっくり返したのである．これは，カントからみれば，立証できないことを前提にして立証を行う「循環論証の虚偽」(B721) 以外の何ものでもないことになるだろう[21]．

4　フィヒテの解決

　第2節でみたように，『基礎』はカントの哲学を体系的に一元化するという側面が強く，さらにフィヒテの知識学の出発点でもあるため，円熟したフィヒテの哲学とはいえない面もある．そして何より，自我によって対象化されていくカテゴリーの世界が普遍妥当性をもつのかどうか，という大きな問題がある．この問題を検討しないと，フィヒテの直観論の意味が十分理解できないであろう．そこで，ここでは後期のフィヒテの1810年の『概要』を考慮に入ながら，逆にカントの直観論の問題点を整理したい．

フィヒテの『知識学』の変遷に関してはすでに多くの研究がなされており[22]，ここでそれにいちいち触れることはしないが，一般的にみて，中期1804年の『知識学』で大きな転換がなされている[23]．ただ，生前公刊された知識学の体系が『基礎』と『綱要』だけであるといわれていることを考えると，ここで，フィヒテの知識学の到達点を考える上で『綱要』は重要であろう．

フィヒテは『綱要』を神の記述とその図式から開始している．知識，知Wissenは，自己自身によってのみ存在する神の表現，神の存在の外である神の存在といわれる（2.696）．そして，この神自身と知としての神をつなぐこと，つまり神の表現をフィヒテは映像Bildあるいは図式という（ebd.）．この図式は，また能力Vermögenとも言い換えられる（2.697）．この能力は人間の行為に反映される．その意味で，フィヒテの図式論は神と人間の媒介である．フィヒテは，『基礎』の中で論じている絶対的自我の自己直観にあたる行為を，『綱要』では，「知が当為的なsollendes能力，および，可能的なkönnendes能力として自己をみることdas sich Sehen」と再定義しているように思われる（2.699）．この「自己をみること」は，自由に行為する知を自覚することを可能とするのだが，こうした意味での直観ではない直観，つまり「自己をみること」ではない副次的な直観をフィヒテは定める（2.700）[24]．フィヒテによれば，我々が現実的な知によって，すなわち我々が自覚的に意識の中で反省しない知によって「客観的にかつ知から独立に存在する，あるものが外置されるhinaussetzen」（2.698）とみなすのは，つまり我々の外側に世界が広がっているとみなすのは，知識学の副次的結果である．「自己をみること」でない直観がこうした副次的な直観による世界の中で，物体を時間や空間において感知する．具体的には身体の中で感官として機能するのである．そして，結果的に，この後者の副次的な直観によって，神としての一者Einsに対して個別者Individuumを見出すことが可能となる，とフィヒテはいう（2.703-704）．ここで同時に純粋な思考作用も議論されている．思考作用denken（あるいは知的作用intelligieren）は一者への根源的な対象から離れた副次的直観作用とは異なり，根源的な対象へ向かうことを可能とする

(2.703). 思考作用は副次的な直観に対しては原理であり，最終的にはこの直観の作用を消滅させ，根源的な方向へ我々を導く (2.706). 我々が『基礎』で問題視した事柄について，『綱要』の中でフィヒテはカントの『純粋理性批判』の中に現れる概念や構造を用いながら，全く新しい知の基礎付けを展開しつつ応答してくれている．特に図式の意味が，カントとは全く異なる．

　まず知の妥当性の問題は，フィヒテにおいては，基本的に，神，一者の存在の問題及び，一者と図式，そして副次的な直観による個別化の問題へと移し替えられている．つまり主観的世界は絶対的世界（普遍的世界）が前提されるから，主観的な個別性の相対主義，非通訳性という問題は回避される[25]．これと関連するが，次に，カントが論じた感性的直観の問題について考えよう．

　感性的直観は，フィヒテによれば，それが客観的な対象が置かれている（置かれる）世界で機能する能力として，一応，その起源が明らかにされている．カントの意味する感性的直観は，フィヒテにおいては個別化の原理の中で，現実の知にかかわる．我々の通常の意識に現れる世界は，（身体も含め）外部に個物があるのであって，時間と空間を基底にして外部世界が存在していることになる．この外部世界は，フィヒテによれば，明らかに，第一義的世界ではない．繰り返しになるが，（絶対的）知の作用の過程において現れてきた（神の）図式の結果である．しかし，個別化の原理でありつつも，感性界は，フィヒテによれば，各個体に対して同一であることが必要であるとされる (2.704). ここは若干理解困難で，矛盾を孕んでいると思われる箇所ではあるが，おそらく，感性界の背後には図式化以前の世界が控えており，感性界への作用が同一である限り，個別化を維持しつつもその総体としては感性的な世界の同一性，通訳性・共通性を保証できる，とフィヒテが考えていたためだろうと推察される．

　では，カントが禁じた，人間の認識能力の起源への問い，循環論証の問いをフィヒテは解決できているだろうか．この問題の本質は，フィヒテ哲学そのものの（延いてはドイツ観念論そのものの）意義にかかわるため，ここで軽々に結論を導き出すことはできない．ただ，次のことは確認しておかなければならない

だろう．第1節で触れたように，フィヒテは，カントの実践理性の優位を，そのまま知識学の指導理念としている．したがって，知の展開の過程で，純粋な思考作用が，副次的直観作用を消滅させると彼が論じる背景には，自由な知の絶対的行為が現象界から我々を自由にし，神的なものへと（フィヒテの表現によれば神的生命das göttlichen Leben（2.706-707）へと）我々を導く（導かねばならない）という思想がある．それゆえ，神の知が最初に論じられているのは，いってみれば，一種の作業仮説に似たところがあるともいえる．

　実際，フィヒテは「意志Wille」について論じ，これが感性界の中で与えられる原理としての「私」(2.707) という符牒を超え出て行く力になるとしている．この意志による行為によってしか，フィヒテによれば，絶対的な神的生命を本来的には洞察できないのである．つまり，あくまで当為的な認識の先に神が洞察されるのであり，[26] 理論的な基礎として絶対的な存在からどのように現実的な知が生まれ出るかということについていえば，肯定的にみれば，実はフィヒテはカントの禁を破ってはいないともいえる．「知識学は，その内容において，たったいま精確に測られた絶対的な知性作用の遂行であるが，このような知識学は自らを単なる図式として，しかも必然的にして不可欠な道として認識することによって「智慧の教説Weisheitslehre」に帰着する」(2.708-709).

　D. ヘンリッヒは，かつて，『基礎』の段階では，フィヒテは，まだ道徳的概念を自我意識に従属させていたが，1801年以降，フィヒテの認識論的な知の理論は，道徳的な知を定義するための導入にすぎない理論となった，と述べた．[27] 『綱要』の段階であらわれる当為的な認識は，この点からみても，カントの実践的な理論が強く意識された認識であるといえるであろう．

5　カントの直観論の再検討

　以上の点を踏まえ，カントの直観論の問題点をここでフィヒテの視座から検討してみたい．フィヒテの見解を通じて我々は，カントの感性論，とりわけ図

式の問題点に着目することができるように思われる．これまでも触れたが，カントはア・プリオリな綜合的判断を実際に可能とするために，『純粋理性批判』「原則論」で図式論を展開している．この図式論がなにゆえ重要かは，いうまでもないことだが，感性と悟性，あるいは直観能力と概念の能力という全く異質な領域・能力を結合するためである．感性と悟性の媒介の問題（B177）は一般論理学では不可能であり，超越論的論理学の最重要課題の一つである．この媒介が超越論的図式である．先にも述べたが，これには経験的な能力にかかわる産出的構想力とは違うア・プリオリな純粋構想力が必要とされ，それによって超越論的図式が可能になる．

　ところで，カントは具象的（経験的）な構想力と純粋な構想力を分けてはいるが，実際，そこには大きな問題がある．一つは，特に第一版では，感性と悟性の問題は「親和性die Affinität」（A113）という言葉で，ある意味，隠ぺいされてしまっているが，二つの異質な世界の関係（「感性あるいは直観」と「悟性あるいは概念」の関係）[28]の正確な整合関係が，今一つ体系的に明確に読み解けないという問題である．もう一つは，経験的な形像については実際に我々が行う（イメージする）ことが可能な例が挙げられたとしても，ア・プリオリな構想力に関しては，それが実際に経験的な像と連関させられない以上，極めて表象困難で，理解しにくいという問題である．前者の問題は，いってみればデカルトの心身二元論の問題に類似させることができるかもしれない．後者についてはプラトンのイデア認識と我々の普段の想起・想像の問題の関係に譬えられるかもしれない．

　デカルトは，心身二元論の問題を，松果腺を中心とした動物精気の問題に移し替えた．しかし，この実体の二元性の問題は決して体系的に解決されていない．この結果，機会原因論やスピノザ，あるいはライプニッツの哲学がこの問題を引き受けることになった．これと同じように，カントの能力論，とりわけ直観と概念に関する問題は，ドイツ観念論の中で重要な課題となる．フィヒテは，この問題に関して，感性と悟性の起源を設定することで，直観と概念の起

源についての根源的認識を実践的な知の作用においた．カントの脈絡で論じる
なら，感性的直観は実践理性の帰結の一つにすぎないとしたのである．起源が
同じであるのであれば，親和性があるのは当然であり，その親和性がどのよう
に破れるかを論じることが課題となる．ちなみに，この立場は，一部シェリン
グにも引き継がれたが，ヘーゲルはこれとは全く別の解決策を模索する．

　また，純粋な構想力の問題は，フィヒテにおいては，「自我の自己直観」,「自
己をみること」として，経験可能性の世界の基底に体系的に位置付けられてい
る．我々の一般的，常識的な知は，あくまで，意識の上での経験的な知に限定
される．このため，プラトンのイデア認識のような問題は，理論的な作業仮説
としておくことは許されても，フィヒテにとって，それは，実際には，人間の
知による実践的行為としての当為的な認識の問題となる．したがって，カント
の中にある極めて理解が難しい問題は[29)]，すっきりとした形で体系化される．

　フィヒテの知識学の体系は，カントの禁を破るか破らないかの臨界点で展開
されており，そのため彼は，直観能力を，経験的世界との破れを理解させるた
めのその臨界点で論じている．こうした点からみて，感性的直観が静的に概念
の外側に置かれ続けることはもはや不可能であった．その結果，カントの能力
論の問題点がはっきりと暴露されることになったともいえるのである．

おわりに

　フィヒテの知識学の中で，感性的直観の問題が大きく取り上げられることは
ない．あくまでもカントの感性論は知識学の体系の中に副次的な要素として埋
め込まれている．カントにおいては，感性的な直観以外は認められない．した
がってフィヒテの根源的自我や一者に連動する直観作用をカントの哲学の中で
理解することは困難である．しかし，カントが自らの哲学において直観を感性
的な能力に限定してしまったことは，果たして，正当なこと，本当に正しい唯
一の選択であったのであろうかということも，我々は検討しなくてはならない

のではなかろうか.

　カントの図式論や純粋数学の基礎の中で語られる数学的対象など様々な純粋形相の感性における構成は，我々の感性が経験的ではない世界の構成の可能性を指し示している．その限り，感性的な直観の背後に，一種の非感性的な世界への通路が開かれていると考えることも決して不可能ではない．そもそも，時間や空間は経験的概念ではなく，ア・プリオリ（な表象）である，とカント自身が述べている（B38/B46）．時間・空間を感性的直観が可能にしているということと，時間・空間の観念性を論じることとが，一見，同一視されがちだが，実は，ここには看過できない問題がある．

　時間・空間が観念的であることからみて，その観念性を可能にしている直観の機能を論じることになれば，直観は概念ではない限りにおいて，概念（あるいはカテゴリー）以外の能力・機能によって論じられなければならないだろう．カントはこの問題に踏み込まなかった．あくまで，感性的直観がア・プリオリな能力であることを条件として認め，そこから時間と空間の観念性が保証できると考えている．だがこうしたことは容易には首肯しがたい．なぜならア・プリオリな能力自体の基礎付けがなされていない限り，感性が経験的な領域を可能にしていることは是認できたとしても，非感性的領域の概念を可能にできるかは分らないからである．フィヒテの直観論の観点は，まさにここにあったようにも思われる．

　フィヒテの観念論が『基礎』から『綱要』へと移っていく中で，もはや，主観的観念論というベールをまとう必要はなくなってしまう．神がそこへ現れたからである．ここに至ってシェリングの同一哲学によってフィヒテ哲学が乗り越えられていくという構図ができ上がったことは，哲学史においてよく知られている[30]．しかし，フィヒテは1800年前後から，シェリングが華々しく自然哲学や同一哲学を展開するにつれ，シェリングの体系を批判する．そこにはカントの禁をぎりぎりまで守ろうとしたフィヒテの自我と直観思想に対して，シェリングのそれが，あまりに自由奔放に過ぎたことへの危惧も含まれていた．つま

り当為的な認識の問題をほとんど無視し，美的直観によって絶対的自我（あるいは絶対者である神）の領域に一気に踏み込んでしまうシェリングの直観思想に，フィヒテは我慢がならなかったのである．そして，このフィヒテのシェリング批判は，違った形でヘーゲルに引き継がれることになる．しかしそのヘーゲルもこのフィヒテの当為的な認識は否定することになる．

注

1）前章を参照のこと．
2）シェリング自身，自らの『超越論的観念論の体系』（1800年）の「序言」において，このことの関して触れている．
3）本書では扱えないが，フィヒテからみたシェリングの自我の概念の批判も参考になる．本章の最後でこの問題について若干触れる．[13] のS. 71-91，参照のこと．
4）テキストについては，基本的に，フィヒテの息子版（I. H, Fichte,: *Fichte's Werke, Walter de Gruyter & Co.*）を使い，PhB（Felix Meiner Hamburg）の著作集（1988年の版）も参照した．また哲書房から刊行された『フィヒテ全集』も適宜参照した［10］．なお引用中の太字は原文中の強調箇所を，傍点は筆者（藤本）による強調箇所を指す．
5）先駆的研究として，中島聰・村上邦昭による［4］，29〜37ページ，がある．基礎資料として重要であろう．
6）E.ラスクの言葉を借りれば，カントの実践理性の優位，つまり知Wissenの背後にある良心Gewissenを軸に据えた体系である（[12]，S. 24-25，を参照のこと）．
7）それゆえフィヒテは『知識学へ第一序論』の中で，超越論的観念論と独断論（スピノザの体系）を併置させ，どちらも完全な体系であるから，このどちらを選ぶかは，その人がどういう人かによる，といい切るのである．独断論も物自体の定義そのものは論証の枠の外に置かれる．
8）［6］の311〜318ページ，あるいは［3］，73〜75ページ，を参照のこと．
9）第二根本命題は，近藤良樹が論じているように（[3]，105ページ），ヘーゲルの存在―無―生成のような構造とは異なり，第一根本命題（ヘーゲルであれば「存在」）から導出される命題ではないだろう．なお，setzenは「定立する」，entgegensetzenは「反定立する」，の訳語である．ヘーゲルの論理学などでは「措定する」，「反措定する」と訳されることが多いが，フィヒテの場合は「定立する」，「反定立する」と訳されるのが通例なので，それに従う．
10）ラスクは，この第三根本命題を，人間の有限的意識を可能とするという意味で，先行する二つの命題と区別している（[12]，S. 63-72, S. 83-91，を参照のこと）．
11）自我の根本命題を導出の原理としたという意味で，再構成といえる．［7］の175〜177ページ，を参照のこと．
12）理論的自我すなわち「理論的な知の基礎」のことである（1.123以降）．
13）カント『純粋理性批判』からの参照箇所は，一部を除き，第二版（B版）のページのみ記す．なお，Aは第一版を表す．

14) 例えば，具象的にイメージされる（表象される）多様な三角形と，定義による三角形そのものの関係を考えればよい．前者が形像に対応する．

15) よく知られているように『純粋理性批判』のA版では，構想力は表象の再生Reproductionに力点が置かれている（A97）．

16) A版の記述が心理学的な方法に近すぎたためか，バークリ流の唯心論と混同されたのも事実である．A版を重視したショーペンハウアーの体系が主観的な観念論（意識論）的傾向を半ばもつのは，それゆえ当然ともいえる．

17) 近藤も［3］の88ページにおいて類似の指摘をしている．夢と現実を「自我の活動の程度」に置くのであれば，行為を多くなしうる成人と幼児や老人とで，現実が異なることになる．つまり，現実の基準は，各人の行為の程度という一種の相対主義に陥るだろう．もちろん現実が異なるということを文字通り，人によって生き方が異なるのだから，といってしまえばその通りであるが，カントが確保しようとした普遍的で客観的，科学的な知のあり方が全く不問に付されることになる．

18) ［1］の98〜104ページ，参照のこと．

19) フッサールの間主観性の問題との関連でこの問題が議論されている論文として，［11］，S. 163-174. を挙げておく．

20) 前章でも関連する問題を述べておいた．

21) こうした問題は，「超越論的transzendental」という術語そのものにかかわる問題でもある．［9］，S.81-95. を参照のこと．

22) ［7］は，今でも重要な参照文献であろう．

23) 知識の基礎付けの登り道といわれる反省と抽象の構造と，絶対的自我（神）からの下り道の構造が細かく論じられる．［2］，72〜129ページ，を参照のこと．

24) フィヒテは副次的という言葉を使っているわけではないが，術語の混乱を避けるため本章で使用する．

25) こうした問題に限れば，機会原因論やバークリも同じ解決をしているともいえる．

26) 1804年の『知識学』の，いわゆる登り道の視点でもある．

27) ［5］の138ページ，を参照のこと．

28) これを拡げて解釈すれば現象界と叡知界の関係ともいえる．

29) イデア的な認識という表現は不適切であることは重々承知だが，カントは『純粋理性批判』や『プロレゴメナ』の中で，非経験的直観のありようを，具体例を用いた経験的な例のアナロジーでしか論じていない．裏を返せば，非経験的な例は，表象できないのである．

30) ［8］がよく知られている．

参考文献

［1］岩崎武雄『カント「純粋理性批判」の研究』，勁草書房，1965年．

［2］ルードヴィッヒ・ジープ『ヘーゲルのフィヒテ批判と1804年の「知識学」』（山内廣隆 訳），ナカニシヤ出版，2001年．

［3］近藤良樹『弁証法的範疇論への道程——カント・フィヒテ・シェリング——』，中央公論新社，九州大学出版会，1988年．

第4章　フィヒテの根源的直観論　　91

［4］中島聡・村上邦昭「フィヒテ初期知識学における空間論」『岡山理科大学紀要』第45
　　号，2009年.

［5］ディーター・ヘンリッヒ『フィヒテの根源的洞察』（座小田豊・小松恵一 訳），法政
　　大学出版局，1986年.

［6］山口祐弘「ラインホルトの言語哲学」『講座　ドイツ観念論　第三巻』，弘文堂，
　　1990年.

［7］ヴォルフガング・ヤンケ『フィヒテ──存在と反省──』（隈元忠敬・高橋和義・阿
　　部典子 訳），哲書房，（（上）1992年，（下）1994年）.

［8］R.ラウト『フィヒテからシェリングへ』（隈元忠敬 訳），以文社，1982年.

［9］Elena Ficara, ＞Transzendental＜ bei Kant und Fichte, in: *Fichte-Studien, Bd. 33*,
　　2009.

［10］I.H, Fichte, : *Fichte's Werke, Walter de Gruyter & Co.* PhB（Felix Meiner
　　Hamburg1988年の版）／『フィヒテ全集』哲書房（2016年刊行終了（完結））.

［11］Jakub Kloc-Konkolowicz, Das Ich und der Andere, in: *Fichte-Studien, Bd. 37*, 2013.

［12］Emil Lask, *Fichtes Idealismus und die Geschichte*, Dietrich Scheglmann
　　Reprintverlag, Jena, 2002.

［13］Violetta L Waibel, Fichtes Kritik an Schelling, in: *Fichte-Studien, Bd.25*, 2005.

第5章 ヘーゲルの概念による時間論

概　要

　フィヒテやシェリングはカントの感性的直観も含めた広義の「直観」能力を時間把捉や時間生成の基礎とした．しかし，こうした直観能力に依存する時間論および空間論に対して疑義をさしはさんだのが，ヘーゲルである．初期のヘーゲルは直観について肯定的に言及しているようにも思われるが，実はそれはある種の方便であったとみなすこともできる．『精神現象学』と『大論理学』の当該箇所を分析すると，ヘーゲルの独自のカント批判と時間と空間への構えがみてとれる．ヘーゲルによるカントのアンチノミー批判は，ヘーゲルの時間・空間論を考える上でも重要である．

　　Keywords：ヘーゲルの弁証法，概念と直観，アンチノミー批判

は じ め に

　カントの感性的直観の理論は，フィヒテの自己直観の理論と，それの自然哲学への拡張としてのシェリングの直観理論において，大きく改変された．フィヒテは，『全知識学の基礎』（1794/1795年）の中で論じている自己直観にあたる行為を，後に，知が当為的能力として「自己をみることDas sich Sehen」と再定義し，自由に行為する知をカントの実践理性を土台に体系化することを可能とした．シェリングは晩年，この自由な自己直観を意識的な自我や現象する自然の背後の根源的自然の自己省察にまで拡大し，その枠組みにおいて，カント

の感性的直観を位置付けた．このような直観論の新たな枠組みは，知の根源性（始原）を求めるというドイツ観念論特有の問題意識にもよるが，こうした流れのなかで，知の根源性を直観能力に依存させずに求めようとしたのがヘーゲルである．本章では，時間と空間に関する問題を，直観論とは別の方法で展開したヘーゲルの議論を追うことで，カントが論じるように時間や空間は，果たして直観によってしか論じられない対象なのかどうか，について考えたい．それは，延いては，今日，哲学的な，あるいは科学的なコンテキストのなかで我々が暗黙裡に了解してしまっている時間と空間の論じ方についても考えるべき材料を提供することになるであろう．

　まず，本章の流れを記しておこう．次節では，ヘーゲルが体系化を完成させた時点での時間と空間の位置付けおよびその方法について考察するために，『エンチクロペディー』（1830年）の中の論述をまとめる．その後で，初期のヘーゲルの哲学的方法論を考察する．その際，『フィヒテとシェリングの差異について』（1801年：以後『差異論文』と略）に触れ，そこで論じられる「超越論的直観」の分析をした後，『精神現象学』（1807年）の「感覚的確信」について瞥見し，その後，『大論理学』（第二版1831年）の「存在論」におけるカントのアンチノミー批判を中心に，ヘーゲルの時間・空間に迫りたい[1]．こうした準備の後で，カントの視座からヘーゲルの方法論を検討しつつ，カントの直観論を再検討してみたい．

1　『エンチクロペディー』「第二編　自然哲学」における時間と空間

　まず，ヘーゲルの完成された体系における時間と空間の位置付け，およびそれらに対してヘーゲルが与えた定義をみておこう．

　ヘーゲルは時間と空間を『エンチクロペディー』「自然哲学」の最初に置く．自然哲学の箇所は「力学」，「物理学」，「有機的物理学」の三つから構成されて

いるが，その中の第一部である力学において時間と空間が置かれているのである．後で論じる『大論理学』の中では，「存在論」，特に「量」に関する箇所で，時間と空間が論じられているのだが，体系化された彼の哲学において自然哲学の冒頭で時間と空間が論じられるのには理由がある．それは，ヘーゲル自身が述べているように，時間と空間は「永遠」とは区別されるからである（9.49-50）．すなわちヘーゲルにおいて自然に属する対象は時間（と空間）において有限だが「これに対して真なるもの，理念die Idee，精神は**永遠**である」（9.50）．

　ヘーゲルが理念を永遠との関係で述べる場合，第一義的にはそれは絶対者そのものであるが，体系との関係で論じる場合は，周知のように，自然哲学に先立つ無時間，無空間を前提とした「論理学」を指す．したがって，時間と空間は，永遠の領域における理念が他在das Anderesseinとなった状態の中で論じられるのである．言い換えれば，時間と空間は理念にとってそのあり方が一旦否定された外面的になった理念，すなわち自然の中で論じられるのであり，その最初の概念として時間と空間が登場するのである．こうした時間と空間の位置付けは，歴史的にみれば，イデア界と現象界との間で時間や空間を論じた伝統的なイデア論的哲学，理性論的哲学の中に多くみられるだろう．例えば，我々は，プラトンやライプニッツを，ヘーゲルの近傍ではフィヒテやシェリングを思い浮かべることができる．また力学の分野で時間と空間が論じられ，かつ，時間よりも先に空間から論じられているという点に着目すると，我々はそこにアリストテレスの『自然学』の影を十分みてとることができるだろう．以下，ヘーゲルによる時間と空間の特徴を整理してみよう．

　まず空間は，ヘーゲルによれば自然の概念の一側面として論じられる．それは自然の最初の，自己外存在Aussersichseinの抽象的な普遍性であり，観念的な（自然の）相互共在Nebeneinenderである．またこの抽象性からして空間は一定の区別を自らの内に有しない連続性の性質をもつとされる（9.41）．ヘーゲルは，ここでカントの空間論を同時に批判しているが，カントの直観形式における空間規定から主観的な要素などを捨象すれば，ヘーゲル自身の空間の特徴付

けにカントのそれが帰すると論じる．また，ヘーゲルは次のように論じる．「空間は，即自的に概念として，概念の区別を自らの中にもっている」(9.44)．空間が概念である限り，例えば，点，線や面，あるいは次元の連関の問題は，空間の概念(の運動)自体から理解されるのである．ここでヘーゲルはカントの「直線は二点間の最短距離である」(B16) という命題を取り上げ批判する．カントによれば，「真っすぐ」という概念には質的な意味が含まれるのみで，「最短」という量に関する意味は直観において付加されるのである．したがって綜合的命題になるのであるが，ヘーゲルは，この議論を逆手に取る．ヘーゲルによれば，直線に最短距離なる意味が含まれないのは，「真っすぐ」という言葉が，単に表象，あるいは直観なのであり，二点間の最短距離という規定がはじめて直線を概念化するのである (9.46)．それゆえ，空間を概念と捉えるヘーゲルにとっては，「真っすぐ」という言葉の内実は概念において初めて獲得されるのであって，直観や表象は空疎な言葉の響きにすぎない[2)]．

　次に時間の特徴付けに移ろう．時間は空間の中でそれ自体，独立して働いているようにみえる点や線，面の空間に対する否定性が，さらに，自己外存在の領域に措定して，相互共在に対して無関心にgleichgültich，静的にruhigあらわれる場合のことをいう (9.47-48)．にわかには理解しにくい箇所であるが，要するに次のようなことをヘーゲルは述べている．点や線といった空間に描かれる対象は，本来，空間そのものの規定なのだが，それが空間と切り離されて独立し，自立的にfür sichに存在していると我々は理解している．空間自体が，自らの姿を否定した形態として空間の規定をヘーゲルは論じる．そしてそうした否定された形態としての空間の在り方が，自ら（つまり空間の在り方）を連続性という空間の隣接性に対して切り離され無関係な対象として，点や線といった空間の概念規定に関わることなく理解された概念を，ヘーゲルは時間と考えるのである．時間は直接的には空間の概念規定の否定性として生じることになる．その限り存在論的（論理的）には空間は時間に先立つ．また時間は，存在しながら存在しない生成として一種の矛盾・対立を含む概念として，「直観された

生成das Angeschautewerden」として規定される (9.48). そして「空間はそれ
自体, 無関心な相互外存在と区別のない連続性の矛盾であり, 自己自身の純粋
な否定性であって, **まず時間へと移行するもの**である. 同様に, 一つに総括さ
れる対立する契機が直接的に止揚されるから, 時間もまた, 区別のない相互外
存在, すなわち空間への直接的な**崩壊である**」(9.55)とヘーゲルが論じるように,
空間と時間は弁証法的に次の段階の概念である「場所と運動」に関する契機と
なって解消していくのである.

　ところで, 『エンチクロペディー』の時間と空間の箇所において, カント批
判の脈絡の中で, 直観について論じられる部分がある. 例えば先に述べたよう
に, ヘーゲルは時間を直観された生成と論じ, 空間も時間と同じく感性あるい
は直観の純粋な形式であり, 非感性的でもあると言い換えている (9.48). カン
トの純粋な直観形式は, ヘーゲルによると感性的でありつつ非感性的でもあり,
それが概念規定の展開の中で一つの否定的な契機として論じられているのであ
る.

　周知のように, ヘーゲルの完成された存在論の中に直観が重要な方法として
登場することはない. これが, シェリング哲学とヘーゲル哲学の決定的な差異
である[3]. それゆえ, ヘーゲルが『エンチクロペディー』のこの箇所で直観につ
いて語っていることが重要なのではない. そうではなく, ヘーゲルがカントの
感性的直観やフィヒテ, シェリングの知的直観を, どのように自らの哲学の中
に位置付けたのかが重要であり, それがここでのテーマの一つである. その点
からみると, 上の「直観された生成」という表現は, 明らかに, 表層的な意味
で使われており, 特段, これ自体に深い意味があるわけではないだろう. この
ことを確認するために, 以降の節で, ヘーゲルが自らの哲学を構築していく過
程で, 直観をどう理解し, どう自らの体系に位置付けようとしたかについて, 『差
異論文』と『精神現象学』を取り上げて考える. その際, ヘーゲルの哲学の形
成の歴史に沿って, 『差異論文』における直観のヘーゲルによる解釈を先に取
り上げ, その後で『精神現象学』における（感性的な）直観のヘーゲルの扱い

を考察する.

2　初期ヘーゲルのシェリング哲学の継承とシェリングとの差異

　『差異論文』はヘーゲルがシェリングの立場からフィヒテ哲学とシェリング
哲学の違いを論じた論文だが，そこにはすでに，ヘーゲル特有の視点も存する[4].
その一つが，ヘーゲルが『差異論文』において使用する「超越論的直観die
transzendentale Anschauung」であるが，ここではこの術語の『差異論文』の
中での位置付けについて考察する[5].

　まずこの超越論的直観という言葉は，シェリングの一部のテキストの，それ
もほとんど一箇所を除いて，ヘーゲルが『差異論文』を書く時代までのフィヒ
テやシェリングのテキストに頻出することはない．その意味で，この超越論的
直観をヘーゲルが取り上げたことは注目されるだろう．その一箇所とは，シェ
リングの『超越論的観念論の体系』（1800年）における美的直観の箇所にあらわ
れる記述である[6]．この箇所はカントやフィヒテとの関連でいえば知的直観とい
う術語を使っても良い部分だが，W. ツィンマーレによれば，ヘーゲルは知的
直観を使わず，超越論的直観を使ったのだという[7]．いずれにせよ，『差異論文』
の中で，ヘーゲルは哲学の重要な方法としてこの超越論的直観について語って
いる．では，この直観はどういう役割を果たしているのだろうか.

　ヘーゲルは超越論的直観をシェリング哲学の立場から哲学の原理そのものと
みなしている（2.11）．しかしそれが不当な扱いを受けていると前提した上で，
ヘーゲルは「超越論的直観を欠いては哲学することはできない」（2.42）と述べる.
さらにこの超越論的直観は，ヘーゲルによれば，主観と客観が分離された上で
の経験的直観die empirische Anchauungとも区別される（2.42）．経験的直観と
は，意識と無意識，知性と自然，あるいは観念的世界と実在的世界が分離され
た上での直観であり，カントやシェリングの脈絡でいえば，感性的直観を意味
する[8]．超越論的直観はこうした分離以前に機能する直観である．したがって絶

対的な同一性，シェリングの同一哲学における絶対者の自己直観ということになろう．

　ところで，ヘーゲルはこうした知性と自然，主観と客観の絶対的同一性の境位にある原理を，シェリング哲学を継承して直観と表現しつつも，すでにこの時点で，そこに別の規定を入り込ませている．例えば，概念であると同時に存在であるとされる「超越論的知das transzendentale Wissen」という術語を導入し (2.42)，「超越論的知と超越論的直観は同じ一つのものである」(2.42) と論じる．さらに，思弁die Spekulationにおいては存在と概念が統一されているのであって，「思弁は直観である」(2.43) とも論じている．こうしてみると，ヘーゲルがここで述べる超越論的直観とは，単に絶対的同一性の境位を示す単なる符牒のことであって，重要なのは，その同一性が，どのような内実であるのかを論じることなのではないかと思われる．この箇所で，ヘーゲルは，同一性の差異化とその差異化を引き起こす反省die Reflexionについて論じており，この反省と（経験的）直観を統合する符牒として超越論的直観をもちだしている (2.42)．裏を返せば，直観するという行為については何も論じていないのである．

　ヘーゲル哲学の形成史の上では，このほかに，彼の初期神学論集や『信仰と知』（1802年），『自然法論文』（1802/03年）などの研究から，対立する原理をどう統合するかにヘーゲルが苦慮し，シェリングの直観とは別の方法を見出そうとしていたとされる[9]．この『差異論文』で超越論的直観が取り上げられたのは，シェリングの『超越論的観念論の体系』及びシェリングの自然哲学関係の論文が出版され，フィヒテとの差異が明確になってきた状況や，ヘーゲルがシェリングによってイエナに招かれ，一時期共同研究をしていた背景がそこにあるとみてよいだろう．このことから，ヘーゲル自身が決して，この時期，（知的あるいは経験的）直観を，哲学の第一原理や哲学の方法として完全に是認していたことにはならないだろう．『差異論文』においては，経験的直観は概念に対立する能力としては要求できないとヘーゲルは論じている (2.44)[10]．だとすれば，早晩，この直観と概念の対立は解消されなければならない．繰り返すが『差異論文』

100　　第Ⅱ部　近世哲学の時間解釈（A）

ではこの対立があたかも超越論的直観のレベルで解消されているかのようにみえるが，実はそうではなかったことを，我々は『精神現象学』の中に見出すのである．

3 「直観」と「概念」
――『精神現象学』「感覚的確信」――

『精神現象学』「序論」の中で，絶対者の概念把握に対して「絶対者を感じ取られ，直観される」(3.15) ことが称揚される事態をヘーゲルが批判したことはあまりに有名であり，これがシェリングとの不仲を惹起したことも周知のことである．しかし，絶対者における個物の差異性の解消，全ての牛を黒くしてしまう暗闇としての絶対者の在り方 (3.22) への批判は，『差異論文』において概念と直観のアンビバレンスの状態であったヘーゲルの自身への決意である．ヘーゲルは超越論的直観を捨て，思弁による，つまり概念による方法を選択したのである．カントの感性的直観との関係でいえば，『精神現象学』「感覚的確信」の箇所が重要な材料を提供している．感覚的確信は『精神現象学』「自己意識」の章までを瞥見すれば明らかなように，『純粋理性批判』の章建てに類似している．その意味で，感覚的確信は，カントの感性的直観あるいは直観形式による時間・空間論の分析に対するヘーゲルの批判でもある．直観と概念の関係を考えるにあたり，次のヘーゲルの指摘に我々は着目したい．

（1）感覚的確信（すなわち感性的直観）は無限に豊かな認識であると思われる点 (3.82).
（2）感覚的確信は，完全で真なる認識であると思われる点 (ebd.).
（3）感覚的確信は，限界なき認識として見出される点 (ebd.).

以上である．
　この三点が誤りであることをヘーゲルは論じるのであるが，ここで我々が，

ヘーゲルの主張に一方的に飲み込まれ与することがないように，カントの観点をヘーゲルの指摘に沿ってみておきたい．

まず（1）であるが，カントは認識という言葉を厳密には概念と直観の協働によると考えている（B74）．その点で，直観のみが認識を与えることはない．概念がそれだけで機能する場合をカントは思惟das Denkenと定義している．この点からみれば，ヘーゲルが感覚的確信について，カントの純粋直観に対してそれを一つの認識とみなすことは，正確なカント批判としては疑問が残る．次に（2）である．カントは「超越論的弁証論」の冒頭で真理と仮象（誤り）の違いは直観される対象に関することではなく，対象の判断によると論じ，感官は誤ることがないというのが正しいのは，感官が正しい判断をするからではなく，判断しないからだ，と論じている（B.350）．つまり，真理とか十全な認識に対して感性はニュートラルなのであって，この点に限ってもヘーゲルの指摘はいささか問題を含む．（3）についてカントからの応答を求めるとすれば，「超越論的分析論」の「第三類推論」にヒントがあるだろう．ここでカントはあらゆる現象は一つの可能な経験中に含まれる，と論じている（B261）．この部分は，「第一類推論」の実体論の議論の中で述べられる「一つの時間Eine Zeit」（B232）の関係している．これが時間の唯一性の根拠となる[11]．空間についてもカントは，我々は唯一の空間を表象出来るのみであり，多くの空間について語られることは同一で唯一の空間の部分のことにすぎない，と述べている（B39）．この点からみて，感性的直観は大域的な直観であり，ヘーゲルのいう限界なき認識という指摘から大きく逸脱はしていないとみることも可能だろう．もちろん上で指摘したヘーゲルの問題は，カントのみに向けられたのではないことは明らかであり，むしろ古代ギリシアの懐疑論やパルメニデス，プラトンの哲学がそこに伏在する点，あるいはヘーゲルと同時代のロマン派の美学論への批判でもある点は忘れてはならないが，ここでは，概念と直観の論理的構造関係に着目しているため，この問題には立ち入らない[12]

では，ヘーゲルは，自身が問題とした上の点についてどういった解答を示し

たのか，触れておこう．（1），（2），（3）いずれについてもヘーゲルは，それを言語の媒介という問題から否定的に論じる．「言葉は，しかし，我々が思いこんでいるより，ずっと真なるものである．言葉の中で，我々自ら我々の**意図（思い込み）Meinung**にそむいている」(3.85) というのがそれである．この背後には，認識は自我と対象という区別において成立しているのだから，すでに，直観には媒介過程の思想，つまり対象をそのまま認識することは不可能であるという思想がある．「本質と例（傍らの戯れ）das Beispielの区別，直接態と媒介性という区別を形成しているのは単に我々ではなく，この区別を我々は感覚的確信のなかに見出す」(3.83)．感性の対象がありのままに，我々に対して，その対象の本質（素朴な全体）として写っているというのは，我々という自我に対して媒介された対象でもあるということである．¹³⁾ その限り，（1）は否定される．つまり豊かな認識はであるかどうかは，対象がどのように媒介されて我々にあらわれているかを把握しない限り，思い込みに過ぎないのである．（2）についても同様である．ヘーゲルによれば，感覚的確信が完全な真理であるかどうかについては，言語がそれを判定する．これがかの有名な「ここ」と「いま」の弁証法である (3.84)．「ここ」「いま」という言葉は，一般性しかもたない．つまりいつでもどこでも使用可能である．だからこそ，逆に，いま，ここで直観している「この対象」を把捉できない．ここに一種の個物に関する普遍論争の議論をみることも可能だろう．目下の感性の対象であるこのものは，言葉（判断）の介在を経ない限り，「存在一般」(3.85) に過ぎない．感性の対象が真に何であるかは，感覚的確信では答えられない．¹⁴⁾ ゆえに完全であるどころか真でさえない．真理は，概念の媒介を経た全体である，というのがヘーゲルの真理観であるからだ (3.24)．¹⁵⁾

（3）についてもヘーゲルは概念の問題として理解しようとしている．ヘーゲルによれば感覚的確信は，一般性しか表せない．対象もそれを捉えようとする自我も一般性しかもたない．つまり誰にでもどこででも何にでも妥当する言明である．仮にそれらが感性において語られない対象なら「真ではなく，非理

性的で，単に思いこまれたもの」(3.92) でしかない．その限り，感覚的確信，すなわち感性は，空疎ではあるが，一般的であり大域的ということが出来る．その意味で，それは限界がないともいえる．しかし，その限界が，無媒介を意味するとすれば，それとは同じではない．このことは先に論じた通りである．ヘーゲルが論じたいのは，概念で捉えられない事柄を「語られないものdas Unaussprechliche」(3.92) というのなら，そのようなものは無意味な非真理に過ぎないということなのである．

　カントの感性論をヘーゲルの観点から検討する作業はもう少し後にして，次節では，このヘーゲルの感性論の概念化の方法を具体的に理解するため，『大論理学』「存在論」におけるカントのアンチノミー批判の箇所を考察したい．

4　論理的立場について
──『大論理学』「存在論」──

　ここでは『大論理学』「存在論」第二篇「大きさ（量）」の箇所の「純粋量」[16] の中でヘーゲルが議論している「物質の不可分性，無限の可分性」に関するカントの第二アンチノミーの批判と (5.216-227)，「定量」の箇所で論じられている第一アンチノミーに関する批判 (5.271-276) を取り上げる．これら二つのアンチノミーは連関しているため，一緒に考察することにしたい．なお，カントのアンチノミー自体をここで議論することはしないが，ポイントだけ述べておこう．

　カントのアンチノミーは純粋理論理性が経験的な領域を逸脱して非感性的な領域で空転する事態の一つである．カントが挙げたアンチノミーは伝統的な特殊形而上学の中の宇宙論の問題に関係し，四つある．ここで論じる第一アンチノミー論は，時間と空間に関して始まりと限界があるという定立命題と，時間と空間には始まりも限界もないとする反定立命題の対立の問題として論じられる．第二アンチノミーは世界における物質は単純な存在から構成されていると

いう定立命題と，そうした単純な存在はなく無限に細分化されるという反定立命題に関わる．これら定立命題，反定立命題のどちらもが論証されてしまうことから，理性は弁証論に陥り，結局論証不可能な問題となる．このことを通じて，人間の理論理性の限界を暴いてみせるというのがカントの意図である．ヘーゲルはこうしたカントのアンチノミー論の何をどのように批判しているのだろうか．ポイントは，以下の点に集約できるだろう．

（あ）カントの論証方法は仮定に結果を含めている点．
（い）感性的表象をアンチノミー論に滑り込ませている点．
（う）概念（ここでは量に関する概念）の規定の仕方と直観の定義に関する点．

まず（あ）の問題をみていきたい．この問題は（い）と関係する．ヘーゲルは当該箇所で，カントのアンチノミーの論証の仕方についての問題を提起している．例えば，「複合体das Zusammengesetzte」が「単純体 das Einfache」からなることは同義反復に過ぎないという批判や（5.218-219），「恒常的なものdas Bleibende」が複合体であるか，単純体であるかどうか（5.220），についての批判である．この第二アンチノミーに関する箇所を詳細に検討することはここでの目的には直接かかわらないため省略するが，ヘーゲルによれば，証明されるべき命題の概念規定が証明するべき概念規定に繰り込まれており，一種の循環（論点の先取）になっているという．この問題については，ここで関係する時間と空間の問題（第一アンチノミー）の箇所のヘーゲルの指摘を一つ取り上げて考察しておこう．

第一アンチノミーの反定立は，時間と空間に始原，限界がないことが間接的誤謬推理によって論証されているが，この論証の際，「空虚な時間」，「空虚な空間」をカントは仮定している（B455/B457）．ヘーゲルはこのことを問題視する．ヘーゲルによれば，カントの議論では，例えば，空虚な空間と世界（現実的世界）の関係は，一方で関係性が維持され（世界が非存在へ超え出る思考が要求される），一方で，空虚な空間の中で現存在Daseinが充たされることが要求されている．

第5章　ヘーゲルの概念による時間論　　105

つまりヘーゲルによれば，反定立の要求の中に，「この矛盾そのもの[17]，世界の空虚な空間に対する関係が，証明の中で，直接的な基礎となっている」(5.275)のである．それゆえ，反定立は，最初から，答えが分かっている論証ということになる．この問題は時間の限界においても同じである．

　なぜこうした問題が起こるのか．それはヘーゲルによれば，カントのアンチノミー論には感性的表象が入り込んでいることによる (5.274)．この指摘は (い) の問題に関係する．ヘーゲルは，「このアンチノミーの**解決**は，……，超越論的である．すなわち，その解決は，直観形式としての時間と空間の観念性の主張の中に成立している，……」(5.275-276)．このヘーゲルの指摘は重大であるだろう．

　そもそも，カントのアンチノミー論は「超越論的弁証論」において「純粋理性の本性的で不可避の弁証性」(B344) を暴露することに目的があり，その弁証性は，経験的な知覚などの錯誤や判断力の誤りとしてのカテゴリーの超越論的使用とは異なり，理性を超越的に使用することの誤り，超越的判断による誤り（超越論的仮象）を暴露することにある[18]．その限り，そこに感性的表象を滑り込ませてしまっては，それが本当に理性に基づく過誤か否か判定できないであろう．この点をヘーゲルは指摘しているのでる．ヘーゲルは，世界はそれ自体自己矛盾的ではなく，意識が直観の悟性と理性とに対する関係において自己矛盾的である，と論じる (5.276)．つまり，直観が関与することで矛盾（アンチノミー）が意識に生み出されるということなのである．だから，ヘーゲルは直観を排して，理性や悟性に生じる対象を概念把握しようとするのである．「よく知られているように，このカントの直観と概念の区別から多くの直観を伴うばかげたことder Unfugが生じ，また，概念把握das Begreifenを略すために，直観の価値と領域があらゆる認識に拡げられた．ここでつまり概念把握をしようとするなら，直観それ自体と同じく，空間が同時に，概念把握されねばならない」(5.233)．ここの引用箇所で，カントの直観思想がアンチノミーにおいて問題を生みだしたことを，ヘーゲルは指摘している．そしてヘーゲルが結論として論

じるポイントが（う）である.

　ヘーゲルは以下のように述べる.「アンチノミーの真の解決はただ次のこと
にある. 二つの規定は対立すると同時に同一の概念に必然的に属するから, 各々
の規定はその一面において主張されえず, 両者はその規定が止揚された存在の
中で, その概念の統一の中でのみ真理をもつということである」(5.218). アン
チノミーの定立, 反定立の各々の命題は, 本来あるべき概念の一側面だけに注
目することから生じる見せかけ, 先の議論の続きでいえば, 感性的直観が関与
した仮象であるということになる.

　ここから先は, ヘーゲルの存在論特有の議論に立ち入ることになるため詳細
は省くが, 概要を述べれば次のようになる[19]. 量の概念は基本的には連続量と分
離量という二つの形でその存在を自己規定する. それゆえ, 第一アンチノミー
論で論じられる空間, 時間の無限性や限界の問題, あるいは第二アンチノミー
の物質の可分性や不可分性の問題は, この二つの形としての量の自己規定をど
う理解するか, という問題に変換されるのである (5.225). 例えば, ヘーゲル
によれば「時間は真には, 純粋量」(5.273) である. ところが, これが連続量
と分離量という二規定として自らを特徴付け,「対自的存在Fürsichsein」つま
り, それら各々が「独立・自立した存在」としてみられる時, そこにアンチノ
ミーが生じる. そのようにみ・さ・せ・て・い・る・のが, つまりそれを生じさせているの
が, 先に述べた感性的表象であり, それに影響を受けた意識なのである.

　こうした概念把捉としての時間, 空間論が, 第1節で論じたヘーゲルの『エ
ンチクロペディー』における規定に帰着する. ヘーゲルがそこで直観という言
葉を用いる場合でも, 我々は, 概念把捉の枠内で理解された言葉, あるいは概
念の枠組みの中でアナロジーとして使用された術語として, それを考えるべき
であろう. そしてその使われ方は明らかにカント批判をヘーゲルが意識しての
ことであると考えられるべきである.

5 カントの立場からのヘーゲルへの疑義と
カントの直観論の再検討

　以上，これまでの議論を踏まえつつ，カントの直観論を再検討してみたいが，その前にカントの視点からヘーゲルの方法に対して，どういう疑義が呈せられるか少し考えてみよう．まず，第3節で触れたことではあるが，感覚的確信をカントのいう感性的直観とみなした場合には，ヘーゲルにおいては，直観が認識と混同されているという問題が浮上するだろう．カントのいう直観は，決して概念による判断を与えることはない．それゆえ，例えば，今日の知識の哲学が時折批判するような，いわゆる知識の内在主義の問題が妥当するとは限らない[20]．ヘーゲルの批判は，カントの認識論において直観機能と図式論との問題が綜合的に連動しているという点がほとんど考慮に入れられていない．それゆえ，むしろかえってヘーゲルのほうが，カントの感性的直観に大きな比重を置きすぎているきらいがある．カントの感性は第一義的には，外的データの感受に関わる．もちろん，ここでは論じられなかったが『精神現象学』「緒言」でヘーゲルが論じているように，感性が対象に適合するという事柄自体いかにして可能かという問題を考え直すことは重要な問題であり，これはヘーゲルだけの問題ではなく，ドイツ観念論全般の課題，あるいはその後の哲学の認識論の一つの課題でもある．

　次に問題になるのは，ヘーゲルの概念把捉そのものに関わる点である．これは人間の理性が有限な認識に立脚しているというカントの立場からみたとき，絶対者（神）の思想の展開（概念の生成）を間違いなく語れるのか，という問題でもある．カントは，そもそも，それ以前の哲学において問題となった絶対者論における認識に関する懐疑論や非合理性を排し，哲学の基礎付けのため，伝統的な知性（悟性）の能力であった知的直観を排した．そして人間に認められる直観を感性的なそれに限定し，悟性と分離したのである．それゆえ，ヘーゲ

ルの概念規定には，それまでの哲学や科学に基づく知見が働いていなければならない[21)]．また，ヘーゲルが量の概念を展開する際，連続量と分離量に分けるという手続きは，基礎的知識に依拠していなければ不可能である．もしそれが絶対者の自己展開であるのなら，ヘーゲルが述べる以外の量規定がどうして導き出されないのか理解できないだろう．つまりヘーゲルは，その概念規定の在り方に有限理性の規則的な思惟を暗黙のうちに用いてしまっているのではあるまいか．それも，歴史的に限定されたという意味の思惟である．このことは，H.バウムガルトナーが批判するように，秩序が自然に発生すると思われがちな理想的なコミュニケーション共同体にも，実は有限な理性に基づく規則的思惟が最初から働いていなければならないことと，構図としては同じである[22)]．その意味で，ヘーゲルがシェリング流の直観を排したところで，その叙述全体の統制規則自体は，神からの（神による）演繹ではありえない．

　しかし，ヘーゲルによるカント批判の特筆すべき着眼点は，カントのアンチノミー批判にあるように思われる．カントのアンチノミーの問題は，前節でも論じたように，理性自体の弁証性にある．この理性を，人間の認識能力全体ととらえれば，カントのアンチノミー論に感性的表象が紛れ込むこともありうるだろう．だが，『純粋理性批判』「超越論的弁証論」のプログラムは，感性的直観を排した理性が引き起こす仮象を問題にしている．その限り，カントが成功したと考えたアンチノミーの論証には，実は，その論証と概念の定義の仕方に関して大きな問題があるといえる．シェリングもこのアンチノミー論に関しては，それを論じる領域の問題を別に設定することで，違う見方を示した[23)]．しかし，ヘーゲルの優れた点は，概念の内在的規定によって，カントの論証の文脈から一種の概念間の同義反復を指摘したこと，さらにカントの論証に感性的な表象が，つまり我々の基礎的直観が紛れ込んでいる点を指摘したことである．ヘーゲルの弁証法の一つの系譜として，カントの弁証論，とりわけアンチノミーからの影響が指摘されることがある[24)]．ヘーゲルの弁証法は，その意味で，まさに，概念的に議論すべき問題に感性的な一種の法則（統制）が効いてしまって

いることへの批判を通じての方法であったとみるべきであろう．だがこのことはアンビバレンスな問題でもある．感性的な直観の表象を排して，果たして我々は，有意味な論証を理解できるのかどうか，あるいは概念間の論理的操作が，哲学的論証なのかどうか，という問題に突き当たる．

おわりに

ヘーゲルの論じる概念そのものは，カントのカテゴリーが直接的ではあるが，カントのカテゴリーもそうであったように，古来の名辞論理学に基づくいわゆる内包的立場に含まれる[25]．したがって，その概念も，概念に付けられた名前から一定程度推測できるように，概念自体に（各々の哲学者による定義は別として）ある意味を，一定程度付与しうる[26]．だが，今日の命題論理，述語論理のように，完全な外延的視点に基づく論理計算の中では，内包的な意味付与が徹底して排される．その視点にまで至るなら，ヘーゲルがカントを批判した問題がヘーゲル自らに戻ってくることになろう．つまり我々は感性的な表象を外した記号操作によって，どこまでこの現実世界を語りうるか，という問題である．

概念間の操作は一体何をやっていることになるのか，論理世界はどのような存在論的位置付けが与えられるのか，これは数学の意味付けと同じように重要な問題だが，あまり関心が払われていないようである．しかし，概念間の操作だけによって世界全体を見通せる，あるいは世界の根源的な実相を見通せる，という主張については，我々は，懐疑的だろう．こうした問題については，カントやヘーゲルに，多くを求めることはこれ以上できない．むしろ，かえって，カント以前に一度は立ち返る必要があろう．例えばライプニッツの「モナド」の概念は感性的な時間や空間の中では実は正しく表象できない．なぜなら，モナドは時間や空間の中に配置されているのではないのだから，モナドの概念の理解には，感性的直観を超えた無限に関する一種の数学的思考（直観）が要求される．カントやヘーゲルもここに思い至っていないようである[27]．

注

1）ここで使用するヘーゲルのテキストは全てSuhrkamp版のヘーゲル全集とし［18］，引用および参照箇所については，巻数とページを記す．またカントの『純粋理性批判』からの引用および参照箇所には，B版のページのみ記す．なお本文中の傍点は筆者（藤本）の強調箇所を，引用中の太字は，引用原典中のゲシュペルトを指す．

2）この点に関する詳細については，次節以降で論じる．

3）こうした点については西川富雄［14］40〜56ページ，の興味深い比較研究を参照のこと．

4）［6］，17〜28ページ，を参照のこと．

5）「超越論的直観」を超越論的という術語に着目した論文として，［9］を参照されたい．

6）K. F. A. Schellingの全集版［20］のページ付で第1部（Erste Abtheilung）の第3巻（Band. 3）の627ページ，を参照のこと．

7）［5］の248ページ，参照のこと．

8）後期シェリングが，カントの感性的直観を副次的直観として位置付けるのも，このヘーゲルの主張に近い．

9）例えば，［2］などに重要な指摘がなされている．

10）ヘーゲルがこの対立を「アンチノミー的対立」（2.44）とも述べている点は興味深い．カントのアンチノミー論は，「直観と概念の対立」が原因の一つであるとヘーゲルがと考えていたと理解できるからである．カテゴリーの問題との関係から歴史的な検討を加えた［21］，S.9-18. を参照のこと．

11）詳細は，［16］，193〜195ページ，を参照のこと．

12）例えば，［1］の「感覚的確信」の部分の解説を参照のこと．

13）これが我々の「傍らにたわむれるBei-Spielenこと，としての「例Beispiel」を意味する．ヘーゲル特有の有名なレトリックの一つである．

14）この問題と連関する議論は，［12］を参照されたい．

15）この「ヘーゲルの真理は全体であるDas Wahre ist das Ganze」（3.24），という問題についつては，理性による悟性規定（命題の形になって顕在化した）を否定するという否定化作用の地平において初めて絶対者が把捉される（理解される）という見方もある．例えば，髙山守はそういう解釈を強調している［4］．

16）この箇所については，［13］を参照のこと．

17）上で論じた世界と空虚な関係の二重性のこと．

18）この超越論的と超越的の区別及びそれが弁証論といかに関係するかについては，［10］，あるいは，［11］を参照されたい．

19）詳細については，［13］を参照されたい．

20）例えば，［3］の第1章，など参照のこと．外在主義による直観批判は，むしろ，フィヒテの知識学のような問題にはある程度妥当すると思われるが，知識を生み出さないカントのような感性的直観に対しては，あまり意味がある議論ではない．

21）カントの論理学をヘーゲルが批判する場合でも同様である．［17］，S.166-168.を参照のこと．

22）［7］の第7章「理性概念の変遷」を参照のこと．

第5章　ヘーゲルの概念による時間論　　111

23）第Ⅱ部第3章を参照されたい.

24）［8］，あるいは，［19］，S.24-29.などを参照のこと.

25）論理学の簡単な歴史については，［15］など参照のこと.

26）例えば，「質」という概念は「量」とは違うということを，「質」という名前から一定程度理解できる，ということ.

27）カントが『純粋理性批判』「反省概念の多義性」の箇所やヘーゲルの『大論理学』「存在論」の「対自存在」の箇所にあらわれるライプニッツ批判は，それぞれ，カント，ヘーゲルの視点からの批判ではあるが，感性的直観によらない領域の語り方と数学的無限に関する洞察がみられない.

参考文献

［1］イポリット『ヘーゲル精神現象学の生成と構造（上)』（市倉広祐 訳），岩波書店，1972年.

［2］久保陽一『初期ヘーゲル哲学研究』，東京大学出版会，1993年.

［3］ローレンツ・バンジョー，アーネスト・ソウザ『認識論的正当化』（上枝美典 訳），産業図書，2006年.

［4］髙山守『ヘーゲル哲学と無の論理』，東京大学出版，2001年.

［5］W.Ch.ツィンマーレ『哲学への問い──ヘーゲルとともに──』（山口祐弘 訳），哲書房，1993年.

［6］ルートヴィッヒ・ジープ『ヘーゲルのフィヒテ批判と1804年の「知識学」』（山内廣隆 訳），ナカニシヤ出版，2001年.

［7］H.M.バウムガルトナー『有限な理性』（河村克俊ほか 訳），晃洋書房，1997年.

［8］M.ヴォルフ『矛盾の概念──18世紀思想とヘーゲル弁証法──』（山口祐弘・山田忠彰・河本英夫 訳），学陽社，1984年.

［9］藤本忠「ヘーゲルの認識構造に関する超越論的究明──イエナ期『差異論文』の「超越論的直観」に定位して──」『上智哲学誌』第8号，1995年.

［10］藤本忠「カテゴリーの超越論的使用とは何か」『カント哲学と科学　日本カント研究4』（日本カント協会編），理想社，2003年.

［11］藤本忠「超越的判断とは何か」『上智大学哲学論集』32，2003年.

［12］藤本忠「悟性的世界観の批判の学問としてのヘーゲル論理学──『大論理学』「本質論」における同一性の命題の解釈に基づいて──」北海道大学哲学会『哲学』第40号，2004年.

［13］藤本忠「哲学の中の数学──ヘーゲルの存在論における数学論の場合──」『龍谷大学論集』（龍谷学会編），第485号，2015年.

［14］西川富雄『シェリング哲学の研究』，法律文化社，1960年.

［15］山下正男『論理学史』，岩波書店（岩波全書），1983年.

［16］山本道雄『カントとその時代──ドイツ啓蒙思想の一潮流──』，晃洋書房，2008年.

［17］Myrian Gerhard, Logik als Metaphysykkritik in: *Hegel-Studien, Beiheft.57*, 2012.

［18］Suhrkamp版のヘーゲル全集（Suhrkamp Taschenbuch Wissenschaft Werke/Georg Wilhelm Friedrich Hegel, Frankfurt am Main, 1986).

[19] Soon-Jeon Kang, Reflextion und Widerspruch in: *Hegel-Studien, Beiheft. 41*, 1999.

[20] K.F.A.Schellingの 全 集 版（Friedrich Wilhelm Joseph von Schellings sämmtliche Werke; 1856-1861）．

[21] Reiner Schäfer, Die Dialektik und ihre besonderen Formen in Hegels Logik in: *Hegel-Studien, Beiheft. 45*, 2001.

第Ⅲ部

近世哲学の時間解釈（B)

——時間の構成——

第6章 ライプニッツ対ニュートンとカント

概　要

　フィヒテやシェリングはカントの感性的直観論を一部保持し，あるいは抜本的に改変し，根源的直観や根源的自然による時間と空間の構成を論理的に可能とするように舵をきった．またヘーゲルは弁証法的な概念の運動において，時間と空間を論理学の外化の大きな枠組みとして構成した．こうした構成論とは全く別の流れにおいて，時間の構成を企てたのがニュートンと同時代のライプニッツである．彼の時間と空間論をニュートンおよびニュートンの代弁者であるS．クラークとの対決においてみることで，ニュートン的時間論を哲学として引き受けた，カントの時間論の問題点が明らかになる．

　　　Keywords：モナド，表象，連続性，ニュートンとクラーク

はじめに

　カントの純粋直観の形式としての時間と空間の理論について，第Ⅱ部において，我々はドイツ観念論の3人の哲学者を取り上げて再検討と問題提起を行ってきた．ドイツ観念論の哲学者は，カントの時間と空間の定義を出発点としながら，認識の始原を求める営みや物自体に関わる問題の解決に向けて努力した．フィヒテやシェリングは，カントの直観論をより大きな，あるいは始原的な枠組みの中で再定義し，ヘーゲルは，直観自体を廃棄して概念（言葉）の弁証法においてそれらを基礎付けようとした．

116　第Ⅲ部　近世哲学の時間解釈（B）

　ところで，カントを折目としてドイツ観念論と対照の位置にあるのが，少なくともドイツ哲学に関する限り，ライプニッツであり，その後継のCh. ヴォルフである．カントが時間と空間を感性の直観形式と定式化する以前の時間と空間の彼らの捉え方は，ドイツ観念論とは大きく異なる．カントは，周知のように，『純粋理性批判』「超越論的分析論」の最後の箇所に「反省概念の多義性（曖昧性）」（以降「多義性」と略）の節を置いている．この箇所が書かれた経緯やそこで論じられている「カテゴリーの超越論的使用」，「反省理論」，「無の表」の問題などについては，これまで多くの議論がなされてきた[1]．ただ，この箇所の前半を一読して分かることは，カントがライプニッツのモナドの理論とその時間・空間論を批判することに多くの労力を費やしているということである．カントは，悟性（知性）と感性の完全な二分法に基づいてライプニッツを批判する．こうした二分法に基づいてカントの1770年論文（いわゆる『教授就任論文』）とこの「多義性」の箇所との共通点が指摘されることもあるが，いずれにせよ，カントが感性的な領域と悟性的な領域との裁断に立ってライプニッツ批判を執拗に行っているのである．ドイツ観念論の哲学者は，ライプニッツを（シェリングを例外として）あまり高く評価してはいないが，彼らが行ったカント批判に共通する点は，この二分法を絶対視することへの批判も含まれている[2]．

　ライプニッツに立ち戻れば，我々は，モナド的表象を感性的直観で理解することに限界を感じる．つまり（数学的・形而上学的）無限性の概念的把握には，別の方法が必要であると感じられるのである．感性的な直観と純粋知性的な領域の完全な裁断によって世界は完全に透明に見渡せるのであろうか．この章では，こうした疑問を踏まえて，ライプニッツの時間論と空間論を検討する．そのために，まず次節でカントの「多義性」の箇所の記述を整理し，続いて，批判期のカントが時間・空間論に関する認識論的転回を果たす際に重要な役割を果たしていたのが，ライプニッツ的なモデルではなく，ニュートン的モデル[3]であったことを確認する[4]．その上で，ライプニッツの時間・空間論について検討し，カントの直観論の再検討を行いたい．

1 カントによるライプニッツ批判

『純粋理性批判』「多義性」そのものの分析はここでの目的ではないため詳細は省くが，この箇所で問題となっている「反省 die Überlegung (reflexio)」とは，カントによれば，我々に与えられている諸表象がどのような認識源泉と関係するかを意識する状態のことである (B316)．この認識源泉は，「悟性（知性）」と「感性」を指す (ebd.)．カントは，悟性と感性の二分法を前提にした上で，ライプニッツのモナド的表象や時間・空間論，不可識別者同一の原理の批判などを行う．つまり，カントは『純粋理性批判』「超越論的分析論」における新しい能力論を土台にしてライプニッツ批判をしているのである．ロックが精神的発生論によって悟性概念の基礎付けをはかろうとしたことと比較して，「**ライプニッツは現象die Erscheinungを知性化した**」(B327) とカントは述べているが，これがカントによるライプニッツ批判の基準となる．カントは，悟性と感性の区別において表象の弁別を行うことを「超越論的反省」と呼び，ライプニッツはこの弁別に思い至らず，表象を認識能力との関係を顧慮することなく比較したにすぎないとする．この比較は「論理的反省」といわれる (B318-B319)．したがって，カントのライプニッツ批判は，超越論的反省を是とし，論理的反省を否とする議論に基づいている．では，以下，本章に関係する具体的な例を挙げてカントのライプニッツ批判をみてみよう．

まず，ライプニッツの「不可識別者同一の原理principium identitatis indiscernabilium」から考えたい．カントはこれを「無差別の原理der Grundsatz der Nichtzuunterscheiden」(B328/B337) とよんでいる．不可識別者同一の原理とは，識別できない対象は同一であるという原理である．ライプニッツは充足理由律に基づいて，神は完全に同じものを作る理由がないとする．それゆえ二つの対象は二つである理由をもつから二つなのであって，完全に同一な対象は存在しないという意味でこの原理が考えられている．この原理に関わ

る問題が有名なライプニッツとサミュエル・クラーク論争で用いられる．話題を先取りしていえば，絶対時間や絶対空間を前提するニュートン派のクラークは，時間・空間によって区別される二つの対象（例として「同じ水滴」が持ち出されるのは有名）は存在するとしており，これと異なる時間・空間論に立つライプニッツはこれを否定するのである[7]．この観点からみると，カントは完全にクラークの見解と同じである．カントによれば，ライプニッツは感性的な外的直観と内的原理を混同したのであって，外的な空間の中では，ある水滴が別の水滴と異なるとみることはできないと述べる(B328)．水滴が空間中の現象であるなら，水滴の概念は悟性においてあるのではなく，感性的空間にあるからである．

　次にモナドに関するカントの批判をみてみよう．カントがライプニッツのモナドを批判する論点はモナド間の「予定調和 harmonie préétablie」である．カントはモナド間の予定調和としての交互作用を実体相互の交互性の観点から批判する．ライプニッツは実体の内的規定である表象の在り方と外的な規定である形態，位置や運動を混在させたというのがカントの批判の要諦であり，ライプニッツは，外的な能力（感性）に関わるモナドの規定と内的な能力（悟性）に関わるモナドの規定をすべて悟性の基に位置付けたことによる，とカントは考えている (B330-B331)．つまりカントはライプニッツの予定調和を外的な実体間の視点からみて，理解しがたい相互作用として解釈しているのである．

　さらにカントはライプニッツの時間・空間論を次のようにも批判する．ライプニッツの時間・空間論に関しては後で論じるが，カントは，ライプニッツの時間と空間の理解を感性の形式を知性化しただけだと論じる(B331)．「したがって，それゆえに，ライプニッツは，実体の共同性die Gemeinschaft中でのある秩序を空間と考え，実体の状態の動力学的結果として時間を考えた」(B331-B332)とカントは述べる．結局，カントからみると，ライプニッツの時間・空間論は，非感性的な概念を安易に現象に適用した混乱以外のなにものでもないのである．

　しかし，我々はカントのこうしたライプニッツ批判を，客観・公正の視座で

眺めやるならば，カントが一定の立場において時間と空間を理解しており，その立場の正当化のためにライプニッツが格好の批判対象になってしまっていることを念頭に置いておかねばならないだろう．そしてこのカントの立場が，果たしてライプニッツの精確な非難になり得ているかどうかについても再検討しなければなるまい．そのため，次節で，カントの感性的形式としての時間・空間論を，ニュートン的時間・空間論のモデルとの親近性の観点から考察してみたい．

2　カントの直観論と大域性

あらかじめ述べておかなければならないが，今日のカント研究において，カントの純粋直観としての時間・空間の理論や『自然科学の形而上学的原理』（1786年）において論じられている「絶対空間論」などがニュートンのそれと全く同じではないことはすでに論証されており，カントの純粋直観の理論がニュートンの絶対時間・絶対空間の単なる認識論的基礎付けでもないことも，もはや常識となっていることは注意しなければならない．[8] それにも拘わらず，ここでカントをニュートン的と論じる理由は，当時，ニュートン派のクラークがライプニッツと論争をした際の時間・空間論の立場が，次の点で（次の傍点箇所）カントが批判期以降とった反ライプニッツ的立場と同じであるからである．その点とは，（あ）カントは，時間と空間を直観の形式としてア・プリオリに前提している点であり，（い）前提された時間と空間が，大域的で唯一（の形をもっている）という点，である．

（あ）は，ニュートンの『プリンキピア』（第二版・1713）の冒頭「定義Ⅷ」の後であらわれる絶対空間・絶対時間の議論や，ニュートンが『光学』（第三版・1721年）[9] の「疑問28」において，空間に遍在する知性を神の感覚器官との関係で設定した数学的な枠組みと重なる．（い）は，時間と空間が絶対的であり他の形態が想定できないこと，つまり相対的な時間と空間が設定できないこと同じ

である.[10]

　カントが『純粋理性批判』「超越論的感性論」で議論している時間と空間に関する「形而上学的究明」は，時間と空間がア・プリオリな直観形式であることとの論証である．第二版で書き加えられた「超越論的究明」において，ア・プリオリな綜合的認識との関係が論じられるが，時間と空間はそこで，それ以上遡行不可能な，つまり物自体の関係性などに還元することが出来ないような主観的な制約として規定される.[11]　また，カントは，「超越論的分析論」の「第三類推論」において，あらゆる現象は一つの可能な経験中に含まれると論じている（B261）．第Ⅱ部でも述べたが，この部分は，「第一類推論」の実体論の議論の中で述べられる「一つの時間Eine Zeit」（B232）の議論と関係している．これが時間の唯一性を示しており,[12]　空間についてもカントは，唯一の空間性を基本としていることは第Ⅱ部で触れた（B39）．こうした点からみて，カントの感性的直観形式は大域的な直観を前提もしくは想定しており，仔細に違いはあっても，ニュートンの絶対時間と絶対空間のもつ大域的性質との類似性を誤解されても致し方のない性質をもっているのである．これらのカントの直観論は明らかにライプニッツの時間・空間論とは異なる．カントの時間と空間論の独自性を，特にニュートン力学とは異なるヴォルフ的動力学の影響をそこにみる場合でも，そこでカントの特殊性ばかりを強調することは危険だろう．ニュートン的時間・空間を「ア・プリオリ性（遡行不可能性）」と「大域性」という性質をもつモデルと特徴付ける限りにおいて，むしろ，カントの直観論における時間と空間は，ニュートン的モデルの中に入りうる十分な資格をもっているのである.[13]

　これに対して批判期にカントが却下したライプニッツの時間・空間論はカントのそれは異質であり，カントの批判がそのまま妥当しない独自性をもっている．この点について，次節で論じよう．

3　ライプニッツの時間・空間論（1）

　ライプニッツの時間・空間論そのものに立ち入る前に，ライプニッツの時間と空間の存在論的位置付けについて確認しておくことが重要である．この点につき，第1節におけるカントのライプニッツ批判に関する限りにおいて，まず『モナドロジー』（1714年）におけるライプニッツの主張のポイントを押さえておきたい．『モナドロジー』§9には「不可識別者同一の原理」に関する短い論述があらわれる(6.608)．モナドは内的規定によって特徴付けられているから，内的規定が異なることがない，ということは，ライプニッツによれば，それぞれのモナドが同じであるため，区別のない状態は「物の状態（事象）un état des choses」に区別がつかなくなることと同じである．問題はここで論じられている内的規定である．内的規定の対概念は外的規定であるが，モナドにおいては，§11にあるようにモナドの自然的変化も（予定調和的に）内的原理un principiinterneから生じ，外的原理から生じない限り（ebd.），池田善昭が論じるように，外的規定は，ある存在が他の存在と関係する「複合体」の側面で生じる規定である[14]．カントは，この内的規定を悟性に属すとみて，外的規定を感性的な能力の中においた．しかし，最大の問題は，この複合体，つまりモナドとモナドの関係を，現実的（現象的）な時間・空間領域で考えられるかどうかであろう．カントはモナドの内的規定と運動・位置などの物理的規定を分け，後者に外的規定を振り分けている．その意味で，現代の我々が物理的原子論のイメージで一般に表象するモデルと似かよっている[15]．ところが，そもそも，モナドの関係性のレベルにおいては，ライプニッツは現実的な時間と空間について全く論じていない．むしろ我々が時間と空間の通念の中でモナドの関係や配置を考えること自体が誤りなのである．というのも，複合体はカントの感性的レベルで論じられている対象ではないからである．つまり，カントのいう事象の外的規定のための時間・空間は，ライプニッツからみればモナドの関係性の

レベルとは無関係なのであり，モナド間の表象という外的規定に感性的直観を適応することは，意味のない批判なのである．

　カントのいう意味での外的規定が意味をもつとすれば，『モナドロジー』§32で論じられている「十分な理由の原理 la Raison suffisante」(6.612)，すなわち充足理由律を踏まえなければならない．周知のように，ライプニッツが『モナドロジー』を書く十数年前に執筆した『二十四命題』(1690年) には，この原理の内実の原型が記されているといわれている．その中の第6，第7命題にあるように，複合体を現実的存在となりうる (現実に存在しようとする Exisiturire) 事象とみなすならば (7.289)，可能的な存在の連関が最大限に実現された共可能性 compossibiliaにおいて現実は存在する[16]．本章では詳細に立ち入ることはできないが，中世からライプニッツの哲学にかけて，一般的にいって，可能的な存在概念が現実的な存在概念以上に豊かな領域として議論されていた思想史的事実を，我々はここで思い起こさねばならないだろう[17]．時間と空間の直観形式によって可能的世界を人間の経験の有意味性へと押し込めたのはカントであり，例えば，ライプニッツの弟子ヴォルフにおいてさえも，時間と空間はニュートンのそれとは異なり，「ものの関係からの派生概念[18]」であったとされる．時間と空間は，ライプニッツにおいては，なおさら遡行不可能な概念でも直観でもなく，ましてや最初から大域性を付与された概念でもいない．ニュートンの数学的な絶対存在と同じ意味をもちえないのである．存在論的位置の観点から述べるとすれば，モナドという実体の関係性が紡ぎだす世界の中で (論理的に) 事後的にあらわれるのが，ライプニッツの時間と空間である．

　では，次に『ライプニッツ——クラーク書簡』(1717年) (以後『書簡』と略) を通じて，ライプニッツの時間・空間論の骨子を捉えたい．なお，『書簡』における論争の骨子については，内井惣七による簡明な概論があるので[19]，論争の内容には触れないで，次節で，ライプニッツの時間・空間論の具象的な姿を，上で論じた存在論的な位置付けを踏まえて論じる．

4 ライプニッツの時間・空間論（2）

『書簡』は全部で５つの手紙のやり取りの形をとっている．ライプニッツの５番目の書簡に関するクラークの返答に対して，ライプニッツは答えることなくこの世を去った．第一と，第二の書簡においては，総じて，ニュートンが『光学』で論じた「神の感覚器官」に関するライプニッツの問題提起と，それに対するクラークの応答が中心であり，一種の神学的論争ともみなせる．内井が論じるように，そこに科学の方法論や科学観についての相違をみてとることは十分できる．[20] この点については以下で触れる．本章のテーマに直接関係するライプニッツの時間・空間論は，第三書簡以降に登場する．そこでライプニッツが語っている彼の時間・空間論のポイントをここで整理しよう．

まず，ライプニッツは，時間と空間を論じるに際して，数学的原理と形而上学的原理を区別する (7.363)．これは，ニュートンの『プリンキピア』の中で純数学的原理（算術，幾何に関わる原理）と，原因結果に関する原理が混同されているというライプニッツの第二の書簡における批判を引き継いでなされている議論である．数学的原理は，純論理的原理である「矛盾律」に関する原理であるともいえるし，形而上学的原理は，「充足理由律」に関する原理でもある (ebd.)．二つの原理の差異を明確化した後，ライプニッツはニュートンの実在的な絶対空間が，こうした原理の差異を正しく認めないために陥る一種の絶対的存在者の議論であると断じる．ライプニッツによれば，空間は部分をもつにも拘らず，ニュートンの空間論では，それがそれ以上基礎付け不可能な神そのもの（神の一部）になってしまうから問題なのだとみなす (ebd.)．その上でライプニッツは空間と時間は，（絶対的ではなく）「純粋に相対的なもの (une) chose de purement reatif」(7.363) であり，「空間は共存の秩序 un odre des coexistence」(ebd.) であって「時間は継起の秩序 un odre de successions」(ebd.) であると定義付ける．これが有名なライプニッツの時間と空間の関係説である．

124 第Ⅲ部　近世哲学の時間解釈（B）

ライプニッツはこの関係説の視点から，時間と空間を実体化する試みや絶対化する試みを，充足理由律の観点から批判する．

　ライプニッツは，絶対空間を仮定すると，なぜある物体がそこにおかれていて，別の場所におかれなかったのか，という問いに答えられなくなってしまうという．このことは，物体の配置の根拠についていえば，絶対空間論においては物体の配置の根拠を問うこと自体が無意味で不可能になってしまうという点で，哲学の問いの封殺につながる，とみることもできる．時間についても絶対時間論を仮定すると，事物の生起理由に関する問い自体が封殺されてしまうのである（7.364）．ライプニッツは第四書簡で，上のことを別の視点から次のように述べる「空間の一様性は，空間の諸部分を識別して選択するための**内的理由も外的理由**もなくしてしまう」（7.374）．これは，ニュートンの理論では，事物の識別理由そのものを理解しようとする我々の知的な営みに寄与できない，というライプニッツの痛烈な批判である[21]．

　また，ライプニッツは，ニュートンが空虚な空間を認め，原子論的発想を維持することは，事物の製作者（神）の偉大さを理解することにはつながらず，かえって不必要な事象を神が創り出したという理解を引き起こす，と批判する（7.377［P.S］の部分）．ライプニッツの充足理由律においては，空虚な空間は理解しえない虚構物なのである．これに関連していえば，第五の書簡で論じられている不可識別者弁別の原理についても（7.394），神は無駄なものを，つまり全く同じものを二つ創造する必要はないという充足理由律を背景にしてライプニッツは議論を組み立てている．このように，ライプニッツは時間・空間論を語りつつ，世界の根拠付けの可能性を時間・空間の基礎付けを媒介にして常に意識しているといえよう．これに対して，クラーク（あるいはニュートン）の立場は，遡及不可能な時間・空間論を設定して問題を打ち切りにしているとみることができる．このことは，ニュートンの理論がガリレイ以来の理論を受け継ぐ理論として，現代の数理科学のモデルとなり得た背景を半ば語っているともいえるだろう．つまり現象を現象として語れば十分なのであって，現象を支え

る枠組みの背後に必要以上に立ち入ることを自然哲学の仕事としてニュートンがみなしていないことの証左なのである．これに対してライプニッツは，時間・空間という基本概念さえ，その基礎付けを必要とするという立場をとっている．以下，もう少しライプニッツの時間・空間論を考えよう．

クラークは，第四の書簡の返答で，「空間と時間が単なる事物の秩序ではない」(7.385) と論じ，これに対してライプニッツは第五の書簡の中でクラークのこの無理解を強く批判している．ライプニッツは，空間は事物の位置付けのための秩序ではなく，時間は諸事物の継起の秩序でもない，と述べている (7.415)．クラークは，第三の書簡の返信以後，時間と空間が先に存在して，それが事物に対しての秩序となっている，としか時間と空間を理解できていない (7.368)．ライプニッツが論じている時間・空間の関係説とは，時間と空間が先に存在して物体が秩序付けられるのではなく，逆に事物の配置や継起の秩序が空間や時間を紡ぎだすのである．[22] それゆえ，空虚な空間はそもそも仮定できないのである．この点に関するライプニッツの主張をクラークは最後まで理解できない．

ライプニッツによれば，真に存在する対象はモナドしかないのであって，このモナドしか単純な対象はない．そのため可感的事物に，つまり空虚と原子に第一原因を押しつけるニュートンの理論では，自然の根拠（原因）の探求を封印する「怠惰の哲学 la philosophie paresseuse」(7.394) に陥るとライプニッツは断じる．『書簡』の中でモナドについて論じられている箇所は第五の書簡以外には見当たらないが，ここで論じられていることを『モナドロジー』の議論を顧慮して考えるならば，次のように結論付けられるだろう．

時間と空間は，ライプニッツによれば，単純な実体であるモナドの共可能性の中で，諸事物（複合体）の関係として生み出されるのである．空間は諸事物の現実的存在秩序 (7.395) であるとライプニッツは述べる．逆に，空間を実在化するのは，不完全な概念をもつ哲学者の想像であり，単純な数学者たちの「でっち上げforger」である (7.396)，とライプニッツは厳しく批判する．

5　カントの直観論の再検討

　以上のように，ライプニッツのニュートン批判は，認識論的な転回を経たカントのニュートン的時間・空間論に関しても，一部はそのまま妥当するように思われる[23]．ここではこうした問題について考えてみたい．第1節ですでに論じておいたように，カントのライプニッツ批判は，カントの手による感性と悟性の二分法に立脚しており，それは同時に，外的根拠（外的理由）と内的根拠（内的理由）の区別の問題と連関していた．ところでこの外的根拠は，ライプニッツがクラークに対して批判した問題と密接な関係がある．時間と空間を事物の枠組みとして，つまり事物の秩序として理解してしまうことが，すでにライプニッツの理論の地平から逸脱を引き起こすのである．第1節のカントのライプニッツ批判を踏まえつつ，カントの直観論の問題を論じれば以下のようになろう．

　カントの感性的直観は，ア・プリオリな時間と空間の形式であり，それ自体を問うことが無意味であることは先に述べた（注11も参照のこと）．そして，時間と空間は，それが超越論的観念性の性質をもち，主観に対する経験の可能の制約として機能していることは了解されていても，カント哲学において空間は大域的であり，時間も唯一の形式なのである．また，カント哲学においては，経験を可能ならしめる感性以外の構造そのものも，一種の「理性の事実」として遡及不可能な特徴をもっている．こうしたことを考慮すると，カント哲学の直観構造そのものが可能にしている世界においては，モナドや時空の成立そのものを理解する視点は最初から生じえない．

　ところで，カントはそのアンチノミー批判において，理性そのものに巣食う仮象を問題としながらも，ヘーゲルが批判したように感性的直観の表象を滑り込ませているという疑いはぬぐいきれない[24]．また，カントの感性的直観形式そのものは認識の対象にはならないとしたが，シェリングが批判したように，そ

第6章 ライプニッツ対ニュートンとカント　127

の感性的直観の形式はその形式の外側に，別の空間様式を仮定する余地を残してしまっている[25]．こうしたことから，カントはその直観論自体に曖昧な要素を残してしまったといえる．

　そもそも，モナドは実体であり，これをカントが述べる外的根拠において理解すること自体意味がない．外的根拠をもちだすことはライプニッツがクラークに対して批判したように，「怠惰な哲学」に陥る事態を招く．モナドは，空虚な空間中の原子ではないのだから，モナドに関して空間中の運動や位置を議論することは無意味なのである．モナドの共可能性とその対応関係は，すなわち，あるモナドが他の（多の）モナドと対応し合う関係は，「一」に「宇宙」を，「宇宙」を「一」を照らし出す関係として理解される[26]．こうしたモナドの内的規定はカントの感性的直観形式では対処不可能である[27]．しかしながら，我々は，こうしたモナドの内的規定を理解する経路がないのだろうか．決してそうともいえないだろう．例えば，G. カントールCantor（1845-1918）によって発見された「数」における無限濃度の問題を考えてみればよいのでなかろうか．

　区間［0，1］に含まれる実数の濃度と，区間［0，100］に含まれる実数の濃度は同じである．可算無限濃度を考えた場合でも，無限の領域を想定すれば，同じことがいえる．全体が部分と対応する例を，我々は知っているのである[28]．こうした無限の問題はアンチノミーを引き起こすだろうか．引き起こしはしないだろう．なぜなら，無限の濃度に関しては論証可能であるし，ボルツァーノ以来，集合間の要素の一対一対応を考慮し，対応する関数を構成することができるからである（もちろん集合論のパラドクスは別の問題として考慮しなければならないが）．ただ，こうした論証を感性的直観のレベルで十全に把捉することはできない．時に，感性的直観は我々をパラドクスに陥らせ，騙す．アキレウスと亀のパラドクスは，微積分においてはパラドクスになり得ない．速度の時間極限は「無」ではない（現実には一様でない速度が普通である）．

　カントの感性的直観は，時間や空間に関する日常的認識，あるいは「マクロ的古典物理学」の領域においてはそれなりの意味をもちえると思われるが，現[29]

代の科学基礎論的な観点に限っても，完全な理論ではない．ニュートンの時間・空間論はカントの直観論と（そこに重要な差異があるにしても）決して無関係ではない．

おわりに

　ニュートン以降の数理科学においては，ライプニッツのような時間と空間の関係説が議論されることはなく，今日でも時間と空間は，実数の要素としてtやxで（ベクトル量として）表現される．時間と空間は実数パラメータとして理解され，それらがどこからやってきたのかを問われることはない．時間と空間は我々の日常的感覚と極めて近い概念として理解されている．本章では，ライプニッツとカントの議論を中心に進めたが，カントに影響を与えたニュートンの数学とライプニッツの数学との間には，その基本姿勢において違いがあったことが知られている．ニュートンが，視覚的な天文学のための幾何学的言語を尊重していたのに対して，ライプニッツはアルゴリズム的思考によって新しい発見法を模索していた[30]．確かに，カントの直観論は，幾何学的表象（直線や三角形など）を具体的に論じる場合には分かりやすい側面を持つが，代数的演算をア・プリオリな綜合的命題として理解する場合には，困難なことが多い．例えば$1 + \sqrt{2}$を綜合的命題として理解できるだろうか．誰でもご存じのように，$\sqrt{2}$は無理数であるから，$1 + \sqrt{2} = 1 + \sqrt{2}$であり，分析的命題としてしか（カントの理論内においては）理解不可能であろう[31]．

　ところで，時間と空間の概念に根本的な反省を迫った相対性理論は，時間と空間のパラメータに一種の「融合」をもたらしたが（「時空論」）[32]，時間と空間の起源については問うことはできない．そこには，時間と空間の遡及可能性を閉ざしてしまったニュートン的近代科学の一つの隘路が現れているように思われる．そのことはライプニッツのいう「怠惰な哲学」，カントのいう「理性の事実」にも一脈通じているだろう．ニュートン物理学は現象を数学的に論じる学問で

ある．そしてその背後にあると仮定される隠れた力や実体を究明しない．カント以降，ライプニッツの時間と空間の関係説に似た形而上学的な理論は，ドイツ観念論，特にヘーゲルに若干体系的な形でみられたが，このヘーゲルの議論も当時の数理科学に影響を与えることはなかった．

　ところが，昨今，量子物理学の中で時空に根源的な反省が求められている．時間と空間はどこから来たのかという問い自体が，重要な問いとして浮上している[33]．今後，ライプニッツの時間・空間論は，その存在論的意味も含め再考されるべきだろう．

　もちろん，ライプニッツの理論には問題がないわけではない．例えば充足理由律を基底とする不可識別者同一の原理と素粒子論にあらわれるボゾン粒子の統計的問題の不整合の問題などはその代表であろう．また，ライプニッツのモナドが共存在する（カント的な感性的空間ではない）関係としての場所と表象との関係[34]，あるいは，点からいかにして連続体（延長）が構成されるのかなど，ライプニッツの議論にも曖昧な点がある．しかし，こうした問題に対して，我々はライプニッツが述べたように，数学的原理と形而上学的原理との区別，あるいは認識論的位相や存在論的区別をきちんと立てておく必要があるように思われる．こうした問題は，近世末期（近代初頭），例えばボルツァーノによって再度違った形で捉え返される．いずれにせよ，論理形式をめぐる前期ウィトゲンシュタインとカルナップとの間の対立のように，現実が一つであるカントの直観論と複数の共可能性を内蔵するライプニッツの理論は，世界の解釈の根本的見方の違いを我々に提示しているようである．

　注
　1）［15］に，この「多義性」に関する歴史的問題について整理して論じてある．
　2）前章を参照のこと．
　3）［4］の142〜143ページ，を参照のこと．
　4）ここでニュートン的モデルと述べたのは，後述するように，狭義のニュートンそのものの時間・空間論と区別するためである．カントは『自然科学の形而上学的原理』のなかで「絶対空間」などを論じているが，ニュートンのそれと同じではないことを私

130　第Ⅲ部　近世哲学の時間解釈（B）

は重々承知している．その点を踏まえた上でニュートン的モデルとここで述べる意味は，本章で明らかになるであろう．

5）この反省概念がライプニッツ以降の表象論と強い関係があることはいうまでもないが，この点は，省略せざるを得ない．詳細は［19］を参照されたい．

6）以後，『純粋理性批判』からの引用は，第二版のページのみ記す．テキストはこれまで通りアカデミー版により，太字は原文中の強調体である．なお，本文中の傍点は，筆者（藤本）による強調箇所である．

7）このあたりの簡明な記述は，例えば，［7］の「第Ⅱ　資料編」，あるいは［5］の71～76ページを参照されたい．なお，以降，ライプニッツのテキストからの引用は，原則，ゲルハルト版哲学著作集により，巻数とページを記す［23］．翻訳は，工作舎の『ライプニッツ著作集』を参考にした［22］．

8）［16］が，カントの『自然科学の形而上学的原理』と『純粋理性批判』との整理において今なお瞠目すべきだが，［17］の第5章や［4］の第6章に丁寧な記述がある．ただ歴史的にマクロな視点からみれば，ニュートン力学とヴォルフ力学の差異を強調しすぎることには問題があると考えられる．ある科学思想が確立する場合には，似たような視点（しかし，大きな方向性に関しては類似している）が並立するのはよくあることだからである．

9）第四版でも同じ記述が登場するが，誤植が多いといわれるため，第三版を底本とした［13］を参照した．ちなみに第四版（1730年）の邦訳は，［12］に田中一郎 訳として収められている．

10）但し，ここで注意が必要なのは，『プリンキピア』（ここでは，［11］を参照した）でニュートンは「相対的空間」を導入し「絶対的空間と相対的空間とは形も大きさも同じだが，数値的にはかならずしも同一とはかぎりません」（65ページ）と論じている点であろう．ちなみに本文中の（あ）と関係するが，ニュートンは絶対的時間も数学的な時間と定義しているため，一部でいわれているような「ニュートンがいう数学的とは，ユークリッド的を意味する」という解釈には慎重でなければならないだろう．ユークリッド的という形容は，絶対的空間には妥当し得るとしても，幾何学そのものには時間概念はア・プリオリには存在し得ないからである（つまり数学の理論には時間は内在していない）．むしろニュートンが数学的時間を「持続」と言い換えていることから，当時の実体・属性概念などの形而上学的概念との連関を考える必要もある．ただ，ライプニッツはクラークとの書簡の中で，ニュートンが時間を持続と考えることに対して批判をしている点は注意すべきであろう（7.403）．

11）遡行不可能性という点に関していえば，カントは「多義性」の末尾，「無の表」の中で，純粋空間と純粋時間自体は直観される対象ではない，としていることが参考になる（「対象のない空虚な直観としての無ens imaginarium」である）（B347-B348）．

12）［21］の中で，カントの一つの時間を「……世界の存在形式であるニュートンの絶対時間を，世界の理解可能性の制約として主観化することであった．」（198ページ）と述べられている．

13）［24］，S.165，S.218-219，のカントとニュートンの関係について参照されたい．

14）［2］，45～16ページ，を参照．

15) 実際，カントがヴォルフによって再解釈されたライプニッツのモナド論理解に立脚していることはよく知られている．

16) このあたりの問題を分かりやすく解説したテキストとして，［3］，137〜150ページを参照のこと．

17) ［21］，55〜56ページ，を参照のこと．

18) ［21］，65ページ，を参照のこと．

19) ［5］の「第Ⅱ章」を参照のこと．なお先に本文中でふれたニュートンの『光学』に関する神の器官の問題も，ニュートンの自然哲学がデカルトのそれに対するアンチテーゼとしての意味ももっていたことを考え併せる必要がある．

20) ［5］，17ページ，を参照のこと．

21) ライプニッツのモナドが，（宇宙論における）原子論的物体論へと変容し，それがカントへも少なからず影響を与えた．このことに関しては，［25］，S. 259-414，特にS. 325-327，を参照のこと．

22) ［20］，187ページ，参照のこと．

23) ［6］，19〜20ページ，を参照のこと．主観的転換を遂げても「現実」の位置付けの解釈はライプニッツと大きく異なるだろう．

24) 前章を参照されたい．

25) 第Ⅱ部第3章を参照のこと

26) ［10］を参照のこと．

27) ハイデガーの解釈によるライプニッツとカントの直観の性格の差についても参考になる．［14］，87〜91ページ，参照のこと．

28) 歴史的にみてもN. クザーヌスの「点と線の関係」など，数学的記号による例示がいかに重要であるかについては，ライプニッツにおいても変わらない．［18］，310〜311ページ，参照のこと．

29) 本書の序章を参照のこと．

30) ［8］，477〜478ページ．［9］，48ページ，を参照のこと．

31) こうしたことは，第Ⅳ部で論じるように，古典物理学と量子物理学にも当てはまる．（ユークリッド）幾何学的表象において物理現象を視覚的に追うことができる古典的な力学の描像は，量子論的な描像に安易に拡張することができないのである

32) ［1］の第8章を参照のこと．

33) 第Ⅳ部を参照．

34) ［18］，306ページ，参照．

参考文献

［1］ 新井朝雄『物理現象の数学的諸原理——現代数理物理学入門——』，共立出版，2003年．

［2］ 池田善昭『「モナドロジーを読む」——ライプニッツの個と宇宙——』，世界思想社，1994年．

［3］ 池田善昭『「哲学」のゆくえ——近代認識論から現代存在論へ——』，晃洋書房，2005年．

［4］犬竹正幸『カントの批判哲学と自然科学——「自然科学の形而上学的原理」の研究——』，創文社，2011年．

［5］内井惣七『空間の謎・時間の謎——宇宙の始まりに迫る物理学と哲学——』，中央公論新社（中公新書），2006年．

［6］クラウス E. ケーラー「意識とその現象——ライプニッツ，カント，フッサール——」（大西光弘 訳），レナート・クリスティン，酒井潔 編著『現象学とライプニッツ』，晃洋書房，2008年．

［7］酒井潔・佐々木能章 編『ライプニッツを学ぶ人のために』，世界思想社，2009年．

［8］佐々木力『数学史』，岩波書店，2010年．

［9］高橋秀裕「ライプニッツとニュートン——通訳不可能性視点から」『日本数学協会編 数学文化 026号 ライプニッツ没後300年』，日本評論社，2016年．

［10］長綱啓典「「宇宙の鏡」から「神の鏡」へ」『理想 No.691 特集 ライプニッツ『モナドロジー』300年』，理想社，2013年．

［11］『世界の名著 26 ニュートン』，中央公論社，1971年．

［12］『科学の名著 6 ニュートン』，朝日出版，1981年．

［13］ニュートン『光学』（島尾永康 訳），岩波書店（岩波文庫），1983年．

［14］『ハイデッガー全集 第26巻 論理学の形而上学的な始原的諸根拠——ライプニッツから出発して——』（酒井潔，ヴィル・クルンカー 訳），創文社，2002年．

［15］藤本忠「超越論的反省の理論——カント哲学における超越論的論理学をめぐる一視角——」『龍谷大学論集』第468号，2006年，所収．

［16］ペーター・プラース『カントの自然科学論』（犬竹正幸・松山寿一・中島義道 訳），晢書房，1992年．

［17］松山壽一『ニュートンとカント——力と物質の自然哲学——』，晃洋書房，1997年．

［18］三宅剛一『学の形成と自然的世界』，みすず書房，1973年．

［19］山内志朗「ライプニッツの影響——apperceptioをめぐって——」『講座ドイツ観念論 1——ドイツ観念論前史——』，弘文堂，1990年．

［20］山本信『ライプニッツ哲学研究』，東京大学出版会，1953年．

［21］山本道雄『カントとその時代——ドイツ啓蒙思想の一潮流——』，晃洋書房，2008年．

［22］工作舎『ライプニッツ著作集』（工作舎，1988年-1999年）．

［23］ゲルハルト版哲学者著作集（Die philosophischen Schriften/von Gottfried Wilhelm Leibniz; herausgegeben von C.I. Gerhardt 1861-1899）．

［24］Jürgen Mittelstass, Leibniz und Kant in: *Erkenntnistheoretisch Studien*, Berlin, 2011.

［25］Hans-Peter Neumann, Monaden im Diskurs, Monas, Monaden, Monadologien（1600 bis 1700）, in: *Studia-Leibnitiana-supplementa*, 2013.

第7章　ボルツァーノによる時間の基礎付け

概　要

　ボルツァーノはカントやドイツ観念論の時代に，客観的な論理主義をとった哲学者として有名であるが，同時に，関数の連続性の問題にも大きな寄与をした数学者でもあった．彼は，哲学的な術語に関しては，カントやドイツ観念論に従いながら，むしろライプニッツのモナドの発想に近い時間と空間の構成を果たそうとする．G. カントールによって発見された「無限における濃度の問題」の直前に活躍したボルツァーノによる集合概念とこれに基づく時間・空間論は，カント流の直観論とは異質でありつつも，時間と空間の問題に関して重要な示唆を与えてくれる．

Keywords：無限論，命題自体，連続性

は じ め に

　E. フッサールがその論理学に関して歴史的に一定の評価を与えたプラハの哲学者B. ボルツァーノ（1781年～1848年）[1]は，生前，決して周囲の哲学者に大きな影響を与えたわけではない．また数学の分野においても，例えば今日「ボルツァーノ＝ワイエルシュトラウスの定理」として人口に膾炙している定理に関していえば，彼の発見がすぐに知られ，評価されたわけでもない．[2]ボルツァーノは，こうした意味において，生前から決して有名な哲学者ではなく，とりわけ日本においては，ほとんど研究されていない．[3]実際，彼の主著である四部か

らなる『知識学』（1873年）の邦訳は存在していない．かろうじて晩年の無限論が扱われている『無限のパラドクス』（1848年）の藤田伊吉による邦訳が存在するばかりである[4]．実際，彼の哲学の基本的な骨格をなしている「命題自体Satz an sich」や「真理自体 Wahrheit an sich」といった概念には，カントやドイツ観念論など，当時のいわゆる意識論的・認識論的哲学や弁証法論理とは異質な要素が存在するため，当時から多くの理解は得られなかった．ボルツァーノはライプニッツとカントから大きな影響を受けているのは確かであるが，命題や表象といった哲学の用語に関しては，当時の伝統に立脚しつつも，反カント的認識論の観点（心的能力論を優先する立場を拒否する観点）に立っている．また，ライプニッツの真理論とも異なる，いわば論理主義的な真理論に立ってもいる．こうした点から分かるように，ボルツァーノの思想を当時の主流の哲学の中に位置付けて理解することは難しい．さらに，彼は，数学の，特に解析学の分野で大きな業績を挙げた優れた数学者でもあった点が，カントやドイツ観念論の哲学者とは一線を画す．もともと数学研究を志しワイエルシュトラウスの助手であったフッサールが賛辞をおくったのは偶然ではない．

　本章では，ボルツァーノの哲学の全容を踏まえた議論はできないが，カントの直観論を再検討するために，前章までの記述の流れの中にボルツァーノを位置付け，ボルツァーノの『知識学』や『無限の逆説』を中心にして，カントの時間・空間論批判を行うことを目的とする[5]．

　次節で簡単にボルツァーノの哲学の枠組みを確認し，第2節において，ボルツァーノの時間・空間論をまとめる．第3節で，カントの視点からボルツァーノのテーゼを検討しつつカントの直観論を再検討してみたい．

1　ボルツァーノの哲学の基本的な骨格

　ボルツァーノの哲学，とりわけその論理学の立場を，ライプニッツやカントの影響からの観点から考えることは意義深いが，ここでは，そうした思想史的

な脈絡に関しては最小限にとどめたい．ただ，ボルツァーノがWL「第一部」，あるいは「第二部」の中で，アリストテレスと並んでライプニッツとカントに数多く言及していることは確かであり，ボルツァーノへの一定の影響が認められる．一般に反心理主義の立場から反カント的といわれるボルツァーノの論理学であるが，「命題自体」「真理自体」なるボルツァーノの術語はカントの「物自体」の「自体」からの影響であり，同時にカント（を含むドイツ啓蒙思想の）の判断論から多くが取り入れられていることも指摘されている[6]．

またボルツァーノはカント研究を通じてライプニッツの哲学へと導かれたともいわれている[7]．こうした点において，ボルツァーノの反カント的視座は，彼のヘーゲルに対する視座とは決定的に異なるだろう[8]．ここでは「命題自体」を通じてボルツァーノの論理思想の骨格をまとめておきたい．

ボルツァーノによれば「真理」に関して「**第一の極めて固有な意味**は，真なるものが理解される場合，疑いもなく，**諸命題**に属するある確実な性質であり，誰かによって主張されるとされまいと，また表象されるとされまいと，すなわち，あるものがそうであることにより，そう**である**ように述べられるという状態Beschaffenheit」である（WL, §24）．そのため真理の特質は命題のあり方に帰せられる．つまり真理自体とは命題自体が真理の性質を備えた事柄として理解されるのである．言い換えれば「あるものがそうであるようにあるがままに」言表されれば（命題化されれば），それが真理自体となる．命題自体を考える際に，カントや後のブレンターノ，フッサールとの関係から認識論・意識論の哲学との比較においてその特徴を捉えることが哲学史として標準的であるかもしれないが，こうした理解の仕方は，カントンやフッサールトの哲学の亜流としてボルツァーノ哲学を捉えてしまう可能性を免れない[9]．ボルツァーノはWL「第三部」において，真理の認識の問題を論じているけれども，これはあくまで命題自体に関する分析を前提してはじめて可能なのである．そこで，ここでは，命題自体を，ボルツァーノの論理学の基本的な立場から理解する．

ボルツァーノの命題自体を理解する最も早道の一つは，彼の論理学，とりわ

けその判断論に関して考察することであろう．つまりカントが範としたヴォル
フ流（やG. マイヤー流）の名辞論理学やそれに基づく判断論の術語をボルツァー
ノは基本的には踏襲しながらも，それらの存在論的な身分を，カントのそれと
全く異なって捉えているという点に注目することである．ボルツァーノは名辞
論理学の体裁を取りながら，その名辞によって指示される対象を，カントの超
越論的論理学の中で有意味性を獲得するような（感性的対象とそれを捉えるカテゴ
リーの主観における連関の構造）とは異質な構造の下で理解している．ボルツァー
ノは，命題を，主観的思考とは別に存在する「論理的対象」としているのであ
る．また命題自体はヘーゲルのように主観に対して対自的für sichに存在する
のでもない．さらに真理自体との関係でいえば，命題自体は後で考察する時間・
空間において存在する「現実的存在」でもない．むしろ，誰彼の言明にかかわ
らず存在する論理的な客観である（WL§19，§21）．別の言い方をすれば，命題
自体を構成する対象に対して，当時の論理思想とは異なる集合論的なパラダイ
ムから命題を捉える視点，論理学の外延性の視点，現代の命題（述語）論理学
の視点をボルツァーノはもっていたのである（WL§48）．こうしたことをカン
ト哲学のコンテキストから理解することは，誤解を誘発するであろう．という
のも，カントの場合，命題という言葉の中に，すでに判断する主観が織り込ま
れており，ある名辞が指す表象が「我々」を離れて客観的に存在するとみなす
ことは，場合によっては一種のプラトニズム，あるいはカントが認識不可能と
した物自体論への再転換を目指すように思われるからである．

　この点に関しては，次節以降，ボルツァーノの時間・空間論を扱う中で，あ
る程度明らかになるであろう．ただ，ここで，一つ注意しておこう．例えば数
学的対象（命題）が証明されるような営みを，ボルツァーノを評価したカントー
ルの連続濃度の問題で考えてみよう．カントールの時代まで，ボルツァーノも
含め，実数の連続濃度の問題は論証されていなかった．しかし，後年カントー
ルがとった方法は，ボルツァーノの方法論からみれば，命題自体を捉えて，そ
れを正しく言明したことになる．しかもカントールが捉えた連続濃度の問題は，

カントがアンチノミー論でその問題の一端を指摘した「無限」に関わっている．人間の認識の能力が無限を適正にとらえられないというカント的テーゼは，カントールが発見した結果からみたとき，幾分か疑義が呈せられるであろう[13]．

2　ボルツァーノの時間・空間概念

WL「第二部」の原理論における「表象論」（§77～79）の箇所で，ボルツァーノは時間・空間に関してカントの時間・空間論の論証を敷衍しつつ批判している．ここではカントに関するボルツァーノの記述を中心に考えたい．

カントがライプニッツのモナドとしての実体論批判を通じて感性的直観論を正当化したのと逆に[14]，ライプニッツの実体論的時間・空間論が，現実的なものではなく（この点においてはカントと共通だが），直観によらないことをボルツァーノは評価している（WL§79，（γ））．ボルツァーノによれば，時間・空間は直観ではなく，概念である（WL§72，§77）．それゆえ，形而上学の命題あるいは数学の命題が，概念と直観の協働によるア・プリオリな綜合的命題であることについても彼は批判している（WL§315）[15]．ボルツァーノにとって直観は現実的存在ではないが，直観の対象は現実的存在である．さらに単純な個別の対象を持つ（WL§72），単純表象eine einfache Einzelvorstellungである（WL§74）[16]．したがって，（複雑な）内包をもつ対象は直観の対象ではない．例えば「神」は複雑で無限な対象であるから，直観の対象ではなく「概念」である（WL§73）．時間・空間において（の下で）存在する対象は現実的存在であるが，時間・空間自体は現実的存在ではない．ボルツァーノの時間・空間論はカントのそれへの批判でつくされるものでは到底なく，例えばVO§1において，空間概念より時間概念のほうがより単純である点や，VO§4において，例えば，空間概念は関係性でないことが詳細に論じられている．また，BDの§20（における「一覧表」）では，時間と空間に関する教説がどういう体系的位置付けを持つかについて述べられている．ただ，ここではカントの時間・空間論との対照をはっきりさせ

るために，次の二点に絞って考察を加えたい．それは，①時間・空間が概念である意味であり，さらに，②時間と空間の存在論的な位置付けである．まず①から考察する．

　時間や空間を直観としてではなく，概念として捉えるという点においては，カント以前にも，カント以降にも多くみられるが，カント以後に限ればヘーゲルや新カント派のE. ラスク，あるいはCh. パースの試みが知られている[17]．ボルツァーノはカントの直観論を次のようにみている．先に触れたようにボルツァーノによれば直観は単純な個別的表象であり，部分を持たない一つの現実存在を対象としている表象である．したがって，カントのように時間と空間を大域的とみる見方を，すなわち，唯一の時間と空間としての表象論を否定している[18]．なぜなら，ボルツァーノによれば，例えば，空間の部分としての点や線，あるいは面といった表象は, 空間全体の表象を必要としないからである(WL§79(1), (5))．線や面が点を部分として含むのだから（数学的定義），空間全体（カントのいう空間，あるいは無限空間）は単純な個別表象としての点の表象から構成されるべきだ，ということになる．部分から全体が構成される以上，PUの中で述べられているように，ニュートンのような神の器官としての絶対空間論も否定される（PU§40）．こうしたことは基本的に時間に関しても同様である[19]．全時間が部分から構成される以上，最初から，全時間（唯一の時間）が前提されない．またボルツァーノは時間と空間の性質に関しては次のような見解を有している．

　時間は，ある対象（実体）である「xが，時点tにおいて，性質bまたは非bのどちらかをもつ」(PU§39)，という形で命題を規定する「条件（限定）」であり，現代論理学との関係で敢えていえば，対象（表象）の変域として，つまり$x(t)$，$t \in$ ［ある集合；現代では普通は実数体］，と記述した場合のパラメータ，あるいは変項として理解され得る．そしてその時間を構成するのは点としての集合である（「点集合論」の起源ともみなせる）[20]．もちろん，時間を主語の変域にもつ命題が，カントのように主観的に構成されるのではなく客観的な性質をどうし

てもつのか，については，先に触れたように，ボルツァーノが命題（「命題自体」）を客観的な対象として扱っていることを基本的に考慮に入れておく必要があるが，ここでは特に数学的集合の観点から，この問題を捉えてみよう．

まずPUの中でボルツァーノは「集合Menge」を，ある対象物の部分の配列を無視した集合体Inbegriffとしているが（PU§4），ここでは，それが，カントールやデデキントの集合論の定義に基本的に引き継がれていることだけは注意しておきたい．集合にはある種の対象の構成（取揃え方）により有限と無限の集合が存在する（PU§9，§10）．ここで，ボルツァーノは，無限集合の比較を数直線の幾何学的表示を使用して行っている（PU§19，§20）[22]．この点については，カントールの集合論を経た我々にとっては，それが誤った議論であることは明白であるが，有限集合との比較を集合の要素間の対応（一対一対応）に帰した点が極めて斬新であり，カントールに引き継がれた重要な方法である[23]．

ここでは，点集合と時間・空間の関係，及びその客観性が問題であるから，その点について論じたい．点集合が集まって直線を形成するという考え方は，昔からある．近世ではライプニッツが，モナド（あるいは点）からの延長の形成で苦慮したことを我々は知っている[24]．ボルツァーノは自身で認めているように，「点」は基本的に延長（広がり）を持たない．その限り点から時間と空間が連続体として構成できないように思われる（PU§38）．点から連続的対象が生成できないとなれば，結局，点の外にそれを包み（隙間を埋める）込む空間が前提されてしまうであろう．そうであれば，ライプニッツの空間論（あるいは時間論）にも共通したカント的な批判の論点を受け入れざるをえなくなる（つまり空間があって初めて連続体が可能となるという議論）．ところが，ボルツァーノは，点から連続性が構成できないという考え方に対して異論を唱える．ボルツァーノは次のように論じる．「我々が，すなわち「ある**連続的延長**あるいは**連続体**」という命名でもって指し示す概念をはっきりと理解しようとするなら，我々は次のように宣言せざるを得ない．つまり，単純な対象の（時間または空間における点の，または実体の）ある集合体があって，そこでは個々のもの各々に対してどんなに

140 第Ⅲ部 近世哲学の時間解釈（B）

小さい距離であっても，少なくとも一つの隣接をこの集合体の中にもつように おかれているならば，そのような集合体があるところにのみ連続体というもの が存在する」(PU38). ここで, この集合体を可能にするのは集合のある種の「配 列」なのであるが（集合に配列を付加した対象が集合体である），これについては， 明示されていない. というのも，集合において，点集合つまり可算無限集合と そのある種の完備化としての実数論としての非可算無限論とのギャップ，ある いは，後のデデキント切断の概念が，ボルツァーノにはまだ掴まれていないか らである. ところがそれにも拘らず，カントールやデデキントが明確に提示し た連続体の問題がボルツァーノに半ば掴まれていたのはどうしてだろうか. こ こには，先の無限点集合の大きさの問題とも関係するが，数学史としての興味 深い論点が浮かび上がる.

　現代の完成された実数論においては,有限集合の配列（今日でいう「全順序集合」） において，自然数や整数はそれを含む有理数と同じく全順序集合である. とこ ろが，実数の部分集合として稠密なのは（無理数も稠密であるが）有理数だけで ある. つまり，有理数は完備化（有理数の閉包をとること）された場合，実数の集 合に等値される. つまり，点集合において，有理数は，自然数や整数と濃度に 関しては同じ性質であっても，稠密という性質に関しては異なるのである[25]. ボ ルツァーノの名が冠されたかの有名な「ボルツァーノ＝ワイエルシュトラウス の定理」は，有界な数列（点列 $\{A(n)\}$, $n \in N$：自然数）は収束する部分列を（い まの場合，実数内に）もつという定理である. これは今，ある実数直線上のある 閉区間に限定すれば，点列が必ずその中に収束点をもつことと同じである. こ の事実は，実数の完備性が知られていれば，その逆，つまり点列間の近似（コー シー列）の収束と同じになるが，ボルツァーノが，実数の完備性も有理数の稠 密性も明確な形で掴んでいた事実はない. だが，関数の連続性の意味を正しく 究明していたボルツァーノにとって,[26]この連続体（いまの場合,実数）と点集合（い まの場合, 有理数）は極めて密接に連関したものと予測されていたとも理解でき るのである.

したがって，点集合から連続体が構成できるのであれば，ボルツァーノがいうように時間や空間を一種の入れ物として，つまり隣接する点の隙間を埋め込むような時間・空間という容器として理解する必要性はなくなる．この点は，例えばライプニッツのモナドの配列（そのモナドをヴォルフのように物理的に解釈したとしても）による時間・空間の生成の問題がはらむ弱点をも克服しているともみなせる．また，カントの直観形式としての一つの時間・空間を，論理的な意味においてア・プリオリに要求する必然性もないことになる．時間と空間が連続体として構成されるとすれば，形式として超越論的主観に取り込まれた時間と空間の問題も，それが現実存在を可能にする条件というカントの立場を（ボルツァーノもそれを踏襲しているが）認めたところで，それを直観とする必然性はないだろう．つまり少なくともカントの形而上学的究明のレベルにおける論証を受け入れる必然性はないのである．

カントが空間の形而上学的究明で行っている論証のポイントである，（1）空間が外的経験から抽象された経験的概念でない，という問題は，点の概念自体から明らかであるし，（2）空間はあらゆる外的直観の根底にあるア・プリオリな表象であるという点をボルツァーノは踏襲している．（3）空間が推論的な一般概念ではなく純粋直観であるという点と，（4）空間は無限の量として表象される，という観点はどうであろうか．（4）についてはカントが概念は無限な表象を含むことができないという根拠に基づいて論じているのであって，これは表象の意味を日常的な感覚表象と定義する限り一定の妥当性は認められるが，稠密性に無限が同伴しているのであるから，カントの主張は，数学の論証，特に解析的論証が無限な量を概念的に操作しているという観点からみて，一面的に過ない．問題は（3）であろう．これは先に論じたように，唯一の空間を担保するためにカントが純粋直観を持ち出している点と，空間上の図形構成が直観抜きには不可能であるという点に基づいている．後者については，カントのいわゆる「右手と左手の問題（広義「鏡像の問題」）[27]」，および幾何学的描像の構成と数学基礎論と問題に関係するのでここでは立ち入らない．ただ，

142　第Ⅲ部　近世哲学の時間解釈（B）

先に触れたように，ボルツァーノにおいて，直観は個別単純表象に限られる点において，そもそも出発点がカントとは異なる．それを差し引いても，空間が唯一であるという議論は，空間表象が点から構成されるという点を認めても成立し得る議論である．したがってこれは，直観と概念の間の問題というより，歴史的にみれば，ライプニッツとクラークの論争の様相に近い，いわば時間・空間の存在論的位置付けに関わる問題だろう．[28]

3　カントの視点からのボルツァーノの批判と　　カントの直観論の再検討

　ここでは，ボルツァーノからのカントの時間・空間論批判に対峙させる形で，カントの立場からボルツァーノの時間・空間論がどのように理解され得るか，そしてそこに孕まれている問題はないのか，考えてみたい．

　まず問題になるのが「真理自体」や「命題自体」であろう．周知のように，カントの物自体は認識の対象が時間・空間の直観形式の外部におかれる対象であり，直観は現象についての表象である（B59）．したがって，主観的条件を排除すると対象自体の性質についての言明はカントにおいては妥当性をもたないことになる．これと同様に，真理自体や命題自体を主観的条件との関係で理解すれば，カントの枠組みでは，あくまでそれが客観的に妥当する命題である条件として主観との関係が不可欠であり，真理自体や命題自体も主観に対して対自的に存在すべき対象，あるいは言明になりはしないのか，とも考えられる．ボルツァーノは命題自体を，各主観の心の内で考えるか否かによらない，と述べていた点についてはすでに論じたが，そのような命題は想定可能なのか，という問題は必ず生じるだろう．

　次に，時間と空間が個別表象であるという点である．カントが一つの時間・一つの空間を直観論として論じる背景には，歴史的にみれば，もちろん，ニュートン的な大域的時間・空間論という物理学的前提があることはある程度は否め

ない．また直観によって世界が分節化されないことを担保するため，つまり世界が概念的判断により命題化（デジタル化）されないようにするための能力としてカントは純粋直観を理解しているから，純粋直観は経験的直観の根底にあるア・プリオリな直観である（B33.ff）．そのため直観を個別単純表象に限定することは，カントからみればある種の経験的直観の中での，つまり具体的な対象が与えられた後に生じる現象に付随する直観（B34）の中での，ある特別な場合を想定しているにすぎないことになろう．こうした点を踏まえて，再度ボルツァーノの哲学がこうした問題を克服しているかについて考えよう．

　まず前者については，ボルツァーノの論史思想全体に関わる大きな問題であるだけに，ここで全てを解明することはできないが，ボルツァーノはカントをはじめ当時の認識論の考え方を理解している（WL§23）．その上で，例えば命題自体に関して，ボルツァーノは「（A）思考内容の対象となり得る」ことと，「（B）思考された結果，あるいは言明された結果」とを同一視していない．（A）は（B）の前提，あるいは（B）は（A）の主観的な表象に過ぎないとみている．その限り，命題自体はカントの物自体に近いといえるかもしれない．だが，これは，藤田やM. パラギーが指摘するように，真理自体と同じく，ある種の論理的な存在の位置を示しているともいえる[29]．そしてこの立場は，その後，カントールやフレーゲ（あるいはゲーデルら）に引き継がれていく反心理学的，反意識論的な命題論，つまり命題と世界との関係を集合とその要素の関係で捉える論理学的立場へと引き継がれているとみるべきであろう．

　後者については，ボルツァーノの立場から反論がなされるであろう．この反論は，ライプニッツがクラークに対して述べた反論と一部重なる．カントは，時間と空間の純粋直観の形式をそれ以上遡行不可能なア・プリオリな能力とした．ところが，ボルツァーノは時間や空間は点から構成されて初めて成立するのであり，最初から前提されているのではない．先の命題自体の観点からいえば，点集合から構成される連続体が，主観的に表象されたことをカントが純粋直観とみなしているにすぎない，ということになる．先に触れたが，空間全体

144　第Ⅲ部　近世哲学の時間解釈（B）

の表象がなくとも点や・線・面の表象は可能なのである[30]. 以下, こうした論点を踏まえて, カントの直観論を再検討してみよう.

　カントが時間と空間の理解に関してなぜ直観論を採用したのかに関して, ライプニッツとの関係から今一度歴史的経緯から振り返ろう. カントは『純粋理性批判』の中でライプニッツのモナド論を批判しているが, ポイントは二つある. 一つは, モナドの内的規定（表象する能力）と外的規定（形態や位置など）をライプニッツが混同していた, とする実体論そのものに関わる批判であり, もう一つは, これと強く関係するが, 感性的概念と非感性的概念をライプニッツが混同し,「現象を**知性化した**」(B327) とする批判である. こうしたライプニッツ批判の上に, カントは, ニュートンに代表されるいわゆる大域的時間・空間論（一つの時間・一つの空間）を重ね塗りした, とみることが出来る[31].

　カントが舵を切ったこの時間と空間の直観論的な方向は, 第Ⅱ部でみたようにフィヒテやシェリングに受け継がれるが, ヘーゲルは, これとは異質の時間・空間論を展開した. ヘーゲルはカントの時間と空間の始原, 限界に関するアンチノミー論に巣食う論点先取の問題を指摘すると同時に, そもそも定立命題と反定立命題が対立するのは, 感性的直観が関与してしまった仮象であり, 真の概念のあり方（弁証法的に高次の概念のあり方）からみた場合の一側面に過ぎないということになる[32]. したがって, 時間と空間を感性的な直観に押し込めることは, 時間と空間の位置付けの解決にはならないとヘーゲルは理解している.

　ボルツァーノは, 先に述べたように, カントと異なり直観を大域的な表象の枠組みとして理解していない. 繰り返すが, あくまでそれは個別単純表象である. その意味で局所的である. むしろ, 完全な単純表象に限定するならば, 分割不可能な数学的な「点」の表象と同じレベルで論じられてしかるべきかもしれない. また, カントがライプニッツ批判に関して論じるようなモナドという実体論の問題もボルツァーノには生じない. ボルツァーノによれば, 真理自体は純粋に論理的な意味であり, 形而上学的意味は持っていない. ボルツァーノにおける実体は「現実的存在」(PU§57) を指す. それゆえカントが論じる一

第7章　ボルツァーノによる時間の基礎付け　145

つの時間と一つの空間の意味が問題になる．無限な空間や時間も点の無限集合
として理解されるべきだというボルツァーノの基本的な考え方については先に
触れたが，ボルツァーノはその基本的な命題理解においても極めて重要なテー
ゼをカントや我々に付きつけているように思われる．

それは「Aがbである」という基本的命題において，先に述べた，時間や空
間による命題の限定作用に関する．時間は全ての変化する実体にみられる或る
限定であり，またある時間tにおける存在または対象x（つまり表象A）が性質b
をもつ条件であった．つまり，命題の真理性は時間のパラメータに依存して決
まるともいえる．$x(t)$（あるいは$A(t)$）がbである限り正しく，それが少なくと
も変化する経験的な命題の正しさを担保している．したがって，任意の時間t
において常に成立する命題とそうでない命題は，今の場合，時間のパラメータ
の領域に依存している．こうした観点からカントの時間と空間論を捉え直して
みたらどうであろうか．

カントは『純粋理性批判』の「第一類推論」の箇所で実体を定義するにあた
り，現象は時間において成立することを主張しながら，「変化は時間そのもの
には関係せず，時間における現象に関係するにすぎない」（B226）とする．そ
の上で実体を「時間それ自体は知覚することができない」ため「現象における
恒存なものは，あらゆる時間規定の基体」となる（B226），とカントは考えて
いる．ここで，時間が二義的に理解されていることに気づかされる．実体を支
えている時間は，変化とはかかわりがないのである．確かにカントは『純粋理
性批判』第一版において「時間系列」（継起的現象）と「時間容量」（並列的現象）
という定義によって（A182），現象の可能にする時間規定を持ち出すが，それは，
あくまで，認識論的な側面において，恒存する時間（A182），現象を可能にす
る時間とみなさざるを得ないのである．[33] 変化は時間の中で生じるが，それは時
間そのものの変化でないという見方は，実に極めてパラドキシカルである

カントは因果の法則も同じように理解している．今日，物理法則における因
果とは，古典物理学に限れば，時間パラメータをもった座標点の変化を意味す

146 第Ⅲ部 近世哲学の時間解釈（B）

る．物体の内的変化（熱力学的変化など）においても，系の時間推移をパラメータ t によって理解している．時間推移を一定の範囲内で平坦に切り取ってみせるだけであれば，カントの説明は，大きな問題を生まないかもしれない．しかし，微分点における加速度変化は，明らかに，ある時間「点」を他の点と分離してみない限り（もちろん極限操作を通じてであるが）理解できない．つまり，現象する対象に固有の時間として理解しなければ説明しがたい．ましてや，相対論的時空論に話が進めば，時間の固有性は座標に拠るのである（固有時間）．カントが直観思想において堅持した一つの時間・一つの空間は，ボルツァーノの時間論や現代数学や現代物理学の観点からみたとき，大きな問題を引き起こすのである（そのことはニュートンにおいても同じである）[34]．

おわりに

ボルツァーノの時間論と空間論は，点の集合の構成からなるものとして客観的な立場に立っている．連続と点集合との微妙で繊細な関係は，ライプニッツも上手く処理できなかったように，ボルツァーノにおいても積み残された．ただ，ボルツァーノは関数の連続性に関して深い理解と発見をしており，デデキントやカントールが有理数の完備化に基づいた実数論や無限の濃度を展開する直前の哲学者・数学者として，連続体と集合論に関して，正しい方向性を見出していたとみることもできよう．また，命題と時間の関係からみたとき，現代の時間様相論理に近い思想を抱いていたとみることもできる．ボルツァーノの命題自体，真理自体という思想は，人間の知性によって発見が待たれる対象（客観）世界の豊かさを指示しているともいえる．また，フッサールによって評価された一方でボルツァーノの思想には，フレーゲに近い，論理の自律性へのまなざしがみて取れる．

数理科学的関心からみたとき，関数の連続性と時間 t の問題は，時間表示の問題を捉えなおしたとき，どういう相を呈するのか関心があるところである．

一つは，微分点のように時間における極限をボルツァーノの命題の関数として
どう理解すべきか，という問題がある．つまり一点をパラメータとする命題（の
関数）は世界の何を指示するのかという問題である．tが離散的な場合は，ど
うなのだろうか．tが周期的な場合はどうであろう．第Ⅳ部で論じる量子論的
な作用素T（時間作用素）の問題と，ボルツァーノの時間論は果たして関係を持
ちうるのか．いずれにしても時間を（ニュートンやカントのように）与えられたパ
ラメータとしてア・プリオリに設定するのではなく，空間とともに生成される
とした点に関しては，我々は，ライプニッツと同じようなダイナミズムをボル
ツァーノにみることが出来るだろう．

注

1）フッサール『論理学研究』「第1巻」「第1章」の末尾や［23］を参照のこと．
2）［3］，88～89ページ，あるいは，［1］，470～471ページ．
3）まとまった研究所としては［9］，ほとんど唯一であり，『知識学』を初めて紹介した
　西田幾多郎の他，永井博らによって若干研究されている程度である．
4）［10］である．
5）以下，『知識学』をWL，『無限の逆説』をPUと略し，引用などに関しては，略記号の
　後に節§番号を示す．各§において，原文中に細かい段落ごとの区別表記がある場合
　は，（1）などとして示す．なお，テキストは，WLについては，［14］*Bernard
　Bolzano-Gesamtausgabe（Hrsg. Edard Winter），Stuttagrtの Reihe I Scriften, Bd.11.
　（erste,. 1985）Bd.11（zweite,. 1987），Bd.13（1990）*をメインとし，［13］
　Bernard Bolzano, *Grundlegung der Logik（wissenschaftslehre* Ⅰ Ⅱ），Felix Meiner
　Hamburg, 1963を参考にしている．またWLの英訳である［18］Bernard Bolzano
　Theory of Science"（Trans, Paul Rusnock and Rolf Geroge），Oxford 2014, Vol.1-4
　を参考にした．PUについては［17］*Paradoxien des Unendlichen*, Felix Meiner
　Hamburg, 2012をメインテキストとし，藤田の邦訳［10］も参照した．この他，本章
　で使用しているテキストとしては，［15］Bernard Bolzano *Versuch einer Objectiven
　Begründung der Lehre von den Deri Dimention des Raumes* 1843，（Nabu Public
　reprintによる）［以後VOと略］と［16］Bernard Bolzano *Beitraege zur einer
　begrüdeteren Darstellung der Mathmatik*, Darmstadt, 1974［以後BDと略］を適宜使
　用し，引用などに際しては§番号のみ挙げている．なお引用中の太字は原文中の強調
　箇所であり，傍点は筆者（藤本）による強調である．
6）［9］，46ページ，を参照のこと．WLの§20には，ボルツァーノが「命題Satz」とい
　う術語を用いた理由および，そこにan sichを付した理由が述べられている．簡単にい
　えば，ドイツ語の語感（gesetztからくる）が主語による認識・判断作用を感じさせ
　ないことであり，その客観性を強調するためan sichがつけられたのである．

148　第Ⅲ部　近世哲学の時間解釈（B）

7）［20］．S.32-35参照.

8）［20］，S.11.

9）つまり，カントとドイツ観念論の思想に馴れ親しんだ者が陥りがちな態度からボル
ツァーノの哲学を理解しようとする立場から脱せられない，ということ.

10）これまでの古代以来の伝統をもつ論理思想の一つであり，近世においては直接的には
ラムス流やポール・ロワイヤル流の論理学の伝統を意味する.

11）ボルツァーノは当該箇所で，命題の主観的表象でなくて客観的表象を強調し，客観的
表象は各々の主観的表象には属さない，と論じている（WL§48（3））．論理学にお
いて論じられる「表象」も，ボルツァーノにおいては，命題自体の意味を構成する要
素なのである（［22］，p.186.）．また，命題自体の集合は無限であると論じている（PU
§13）．この点は，ラッセルによっても重要視されている（［26］，p.362）.

12）本章において，この問題を中心に論じることはできないが，後年，カントールやゲー
デルがとった立場を可能にする視座がボルツァーノにすでに含まれているともいえ
る．これは後で触れる「無限」とその集合に関する問題とともに議論されるべきであ
ろう．［19］，S.181．なお［8］に所収の「数とは何かそして何であるべきか」の第
二版への前書きで，デデキントは，ボルツァーノのPUの中の「無限」のシステムを
カントールの先駆として評価している.

13）カントのアンチノミーへの問題提起としてボルツァーノがどのように考えたのかを知
るには，［25］，S.113-115，を参照されたい．ゲーデル以降に関しては，［11］の「第
Ⅰ部」を参照のこと.

14）『純粋理性批判』「反省概念の多義性」（B324-B336）の箇所を参照のこと．なお，以降，
カント『純粋理性批判』からの引用等は，第二版を中心にページ付けのみ示す.

15）例えば，量や数の概念は，ボルツァーノによれば，時間や空間の表象を必要としない
（WL§315）.

16）「直観は全く単純であり，唯一の対象を持つ」（WL§72）

17）特にヘーゲルに関しては，第5章を参照のこと.

18）カントは，『純粋理性批判』「超越論的分析論」の「第三類推論」において，あらゆる
現象は一つの可能な経験中に含まれると論じている（B261）．この部分は，第一類推
論の実体論の議論の中で述べられる「一つの時間Eine Zeit」（B232）の関係している.
これが時間の唯一性を示しており，空間についてもカントは，我々は唯一の空間を表
象出来るのみであり，多くの空間について語られることは同一で唯一の空間の部分の
ことにすぎない，と述べている（B39）.

19）時間の方が空間概念より単純で，空間概念が時間概念を含むゆえである（VO，§1）.

20）「点集合Punktmenge」という用語を用いたのはカントールの三角級数の論文だといわ
れているが，その前後も，カントールはボルツァーノの定義した用語（Menge,
Inbegriff）を使用している．［1］，480ページ.

21）ボルツァーノの挙げた例でいえば，コップとコップの壊れた破片という性質が結びつ
く場合とそうでない場合である（PU§4）.

22）［12］，S.274-275にも集合論の歴史的考察からボルツァーノの表示が取り上げられてい
る.

第 7 章　ボルツァーノによる時間の基礎付け　149

23)　［7］, 4 ページ, 参照.

24)　［2］を参照のこと.

25)　このあたり厳密な数学については, 例えば, ［4］や［7］, を参照されたい.

26)　［3］の49, 87, 158ページ, あるいは［22］, p. 563ff. を参照のこと.

27)　ただ, この鏡像問題が果たしてカントのいうように直観を必要とするかは, 再検討されるべきである. 例えば［6］などには啓発的考察がみられる.

28)　第 6 章参照.

29)　［9］, 48ページ, ［25］, S.38-39, を参照.

30)　このことは, 数学的にみると, ヒルベルト流の公理主義とブラウアー流の直観主義との対決になぞらえることが可能かもしれない.

31)　ここでは中心に論じられないが, M. フリードマンによれば, カントの空間（における）無限を考える場合は, カントの幾何学的空間論と形而上学的空間論を考慮に入れなければならない（［21］）.

32)　第 5 章参照.

33)　［5］, 91〜98ページ, を参照のこと. 上記の恒存する時間は客観的時間であり, 運動する物体と相関する物理学的時間であるが, この時間が実際, 物理学の中でパラメータとして扱われている.

34)　現代数学, 特にトポロジーの問題（ハウスドルフ位相など）などのトピックとボルツァーノの連続性の関係の問題を扱った資料として［24］, S.33-36を参照されたい.

参考文献

［1］伊東俊太郎・原亨吉・村田全『数学史』（筑摩書房『数学講座』シリーズ18）, 1975年.

［2］稲岡大志「モナドロジー前史」, 関西哲学会年報『アルケー』No. 23, 2015年.

［3］岡本久・長岡亮介『関数とは何か——近代数学史からのアプローチ』, 近代科学社, 2014年.

［4］黒田成俊『微分積分』（共立講座『21世紀の数学　1』）, 2002年.

［5］中島義道『カントの時間論』岩波書店（岩波現代文庫）, 2001年.

［6］高野陽太郎『鏡の中のミステリー——左右逆転の謎に挑む』, 岩波書店, 1997年.

［7］竹之内脩『集合・位相』（筑摩書房『数学講座』シリーズ11）, 1970年.

［8］リヒャルト・デデキント『数とは何かそして何であるべきか』（渕野昌 訳）, 筑摩書房（ちくま学芸文庫）, 2013年.

［9］藤田伊吉『ボルツァーノの哲学』, 創文社, 1963年.

［10］ボルツァーノ『無限の逆説』（藤田伊吉 訳）, みすず書房, 1978年.

［11］リーディングス『数学の哲学——ゲーデル以後』（飯田隆 編）, 勁草書房, 1995年.

［12］Oskar Becker, *Grundlagen der Mathematik*, München, 1954.

［13］Bernard Bolzaono, *Grundlegung der Logik*（*Wissenschaftslehre*）, Felix Meiner Hamburg, 1963.

［14］*Bernard Borzano-Gesamtausgabe*（*Herg. Edard Winter*）, Stuttagrt, 1997.

［15］Bernard Borzano, *Versuch einer Objectiven Begruendung der Lehre von den Deri Dimention des Raumes*, 1843,（Nabu Public reprintによる）.

[16] Bernard Bolzano, *Beitraege zur einer begruedeteren Darstellung der Mathmatik*, Daramstadt, 1974.

[17] Bernard Bolzaono, *Paradoxien des Unendlichen*, Felix Meiner Hamburg, 2012.

[18] Bernard Bolzano, *Theory of Science, Vol.1-4* (Trans, Paul Rusnock and Rolf Geroge), Oxford, 2014.

[19] Georg Cantor, *Gesammte Abhandlungen mathematischen und philosophischen Inhalts*, (Hersg., von Ernst Zermelo), Springer, 1932.

[20] Edgar Morscher, *Das logische An-sich bei Bernard Bolzano*, Salzburg,1973.

[21] Michael Friedman, Kant on Geometry and experience in: *Mathematizung Space - The Objects of Geomerty from Antiquitey to the Early Modern Age*, Vincenzo De Risi (edit.), Birkhaeuser, 2015.

[22] John Fauvel and Jeremy Gray (edit.), *The history of Mathematics*, Macmillan Press, London, 1987.

[23] *Handbook of The History of Logic -From Leibniz to Frege vol.3.* (edit., by Dov M Gabby, John Woods), North-Holland, 2004.

[24] Lukas Benedikt Kraus, *Der Begriff des Kontinuums bei Bernard Bolzano*, Akademia Sankt Augustin, 2014.

[25] Melchior Palágy, *Kant und Bolzano; eine kritische Parallele*, Halle, 1902.

[26] Bertrand Russel, *Principles of Mathematics*, Routledge Classics, 1992.

第IV部

物理学の時間概念とその問題

第8章 物理学における時間表示の問題

概　要

　本章では，これまでの思想史を踏まえ，量子物理学において時間がどのように表記されているのかに関して，「経路積分」を例に取り上げて考えたい．経路積分の数学的な基礎付けは大変難しく，特殊な場合を除いて，厳密化は一般にできない．しかし，物理学の中で，例えば今日の宇宙論を含む力学の基礎モデルである「超弦理論」などの中で，この経路積分が頻繁に使用される．それは経路積分がラグランジアン形式を使用するという利便性や，ファインマンの意図が示しているように直観的に古典物理学からの類推が効きやすいという理由にある．

　だが，実は，時間の実数パラメータ表示が，無限次元測度に関して深刻な問題を引き起こす．つまり，量子物理学の中では，実数時間パラメータをもつ経路積分の測度は一般に定義できないのである．ここには，ニュートン以来の時間のパラメータ化をそのまま視覚化したような量子論における経路積分に問題があるといえないであろうか．本章の後半では，こうした問題を含め，宇宙論の話題にも多少触れつつ，時間の問題をさらに考えたい．

Keywords：経路積分，時間表示，因果論，宇宙論

は じ め に

　本章では，まず，量子物理学，特に有限自由度の量子物理系（量子力学）[1]における量子化の表示の問題を考慮に入れた経路積分表示と時間の問題について解釈を加えよう．同時に，現代の宇宙論に伏在する問題に関しても考えよう．

154   第IV部　物理学の時間概念とその問題

　物理学の一般的な教科書を参照すると，量子化の方法として「正準交換関係」，
「正準反交換関係」という代数的関係と等価な方法としてR.ファインマンの創
始による「経路積分」が取り上げられていることが多い.[2]

　しかし，ここでは，経路積分を正準量子化と対等の量子化とみる見方はとら
ない．むしろ経路積分の方法は，数学的に厳密な観点からすれば，正準交換関
係による量子化を経た後の状態関数の時間発展を表示する一つの方法に過ぎ
ず，それは，他の表示，例えばここで扱うプロパゲーター（Green関数）の積分
核表示と同等の立場に立つ表示にすぎない.[3]

　物理学においては，経路積分はラグランジアンを指数の肩に乗せて計算を行
うため，物理量の対称性を議論する場合や，対称性の破れ，アノマリーを計算
する場合に有効である.[4]　だが，そうした有効性とは裏腹に，数学的な基礎付け
は，極めて特殊な場合を除いて出来ていない.[5]

　一方，積分核表示においては，数学的な基礎付けは経路積分に比べればずっ
とよく行われている．しかし，相互作用の入った物理系においては，計算が複
雑なため，経路積分に比べてあまり多くの計算がなされてはいないようである.[6]
このように，状態関数の表示の仕方には，一長一短がある.

　次節で，正準量子化と経路積分表示，積分核表示を整理し，後者の二つの表
示の関係を考える．その後の節では，時間パラメータと経路積分の関係を，時
間の作用素の解釈とともに議論する．こうした議論の後，宇宙論の話題に入り
たい.

1　量子化の方法と状態関数の表示

　無用な混乱を避けるため，基本的なモデルとなる量子力学系のハミルトニア
ンとして，非相対論的量子系を扱うシュレディンガー作用素に限定し，一体（一
粒子）の一次元空間上の運動のモデルを考えることにする．また以下でみるよ
うに，正準交換関係については，シュレディンガー表現に限定する.

第 8 章 物理学における時間表示の問題 155

正準交換関係（Canonical Commutation Relation：略してCCR）とは，二つの自己共役作用素をQ, Pとするとき，すべての$\psi \in D(QP) \cap D(QP)$ に対して，以下が満たされることをいう．

$$[Q, P]\psi = (QP)\psi - (PQ)\psi = i\hbar = i\frac{h}{2\pi}$$
$$[Q, Q]\psi = 0 = [P, P]\psi$$

以下，自然単位系を用いて$\hbar = 1$とする．$\hbar$はプランク定数hを2πで割った定数である．この関係式が正準交換関係といわれる．$[Q, P] = i$；今，位置作用素と運動量作用素の正準交換関係を考える．ここでQ, Pが，シュレディンガー表現であるとは，二つの共役物理量を表す作用素が，$Q = M_x$かつ$P = -iD$と表される場合をいう．ここでM_xは関数xによる掛け算作用素であり，Dは一般化された（超関数の意味での微分も含む）偏微分作用素である．ハミルトニアンHがポテンシャルVをもつ場合，ポテンシャルが掛け算作用素Qの一つの表現として定義される．

次に，$\mathcal{H}$をヒルベルト空間とし，今$\mathcal{H} = L^2(\mathbf{R})$ とする．L^2は，二乗可積分の関数の全体（同値類〔ルベーグ測度に関して〕）をさす．

モデルとなるハミルトニアンは，以下である．

$$H = \frac{1}{2m}P^2 + V, \qquad D(H) \subset L^2(\mathbf{R}) \tag{1.1}$$

量子系の観測量は$L^2(\mathbf{R})$ 上の自己共役作用素によって表されるが，有界作用素とは限らない．Pは運動量作用素．mは質量，Vは外的ポテンシャル．$V = 0$の場合，(1.1) のHを自由ハミルトニアンといいH_0で表す．以下ヒルベルト空間の内積を (a, b) で表す．Vが実関数で下に有界，無限回微分可能な滑らかな関数であれば適当な空間の上でHは自己共役作用素になる．ここでは，自由ハミルトニアンH_0を考える．

こうした自己共役ハミルトニアンが定まると，(1.1) のシュレディンガータイプのハミルトニアンH_0に対し，次の方程式が定まる．

$$i\frac{d\psi(t,x)}{dt} = H_0\psi(t,x), \qquad \psi(t_o,x) = \psi(x)$$

H_0が作用する状態ベクトル$\psi(t,x)$は，物理的にはtが時間，xが座標（位置）を表す．H_0は，系の状態ベクトルの時間発展の生成子の役割も担っており，H_0が時間を陽に含まない場合には，$U(t,t_0) = \exp(-iH_0(t-t_0))$という形のユニタリ作用素の形をとる．$\psi(t,x)$の時間発展は次のように記述される．なお，状態の時間発展の描像はシュレディンガー描像といわれる．

$$\psi(t,x) = U(t,t_0)\psi(t_0,x) \tag{1.2}$$

これは，状態ベクトルの時間tに関する連続的変化を表している．

ここに現れた$U(t,t_0) = \exp(-iH_0(t-t_0))$の$t_0$を普通0と取り直し，$U(t,t_0)\psi(x) = \exp(-iH_0(t-0))\psi(x)$の表示を与えるのが，一般にプロパゲーターの積分核表示であり，また，経路積分表示である．これらの表示は，ハミルトニアンの自己共役性が保証されてはじめて意味をもつのであり，経路積分やプロパゲーターは量子化を直接与えるものではなく，あくまで時間発展の状態ベクトルの具体的表示を与えているとみなされるべきである．[8]

では，次に，上のシュレディンガータイプの時間発展の状態ベクトルの表示として以下，プロパゲーターの積分核表示と経路積分表示を，証明を省いて与える．[9]

$\psi \in L^2(\mathbf{R})$と$t \in \mathbf{R} \setminus 0$に対して，$L^2(\mathbf{R})$の収束の意味で，

$$e^{-itH_0}\psi(x) = \lim_{R\to\infty}\left(\frac{m}{2\pi|t|}\right)^{\frac{3}{2}}\int_{|y|\leq R} e^{i\frac{m}{2t}|x-y|^2}\psi(y)dy \tag{1.3}$$

これが数学的に厳密な意味での状態関数の時間発展を司る自由シュレディンガーハミルトニアンの積分核表示である．グリーンGreen関数表示は，この積分核を使って，レゾルベントという作用素に関して，ヒルベルト空間における内積をとることによって得られる．物理学の流儀では，上の積分核をもってプ

ロパゲーターという場合があるが，数学的には，プロパゲーターそのものが作用する状態ベクトルをきちんと定義しなければ意味がない．

次に，自由ハミルトニアンの経路積分表示は，この積分核を使用して，トロッター（Trotter）の公式[10]を使って定義される．この方法がファインマンがとったオリジナルな方法である．ファインマンは，さらに，自由ハミルトニアンと外的ポテンシャルの和が調和振動子の形になるものを使って経路積分を計算したが，この形のハミルトニアンでは，運動量部分の変数の積分が実行出来るので，積分の測度が位置の作用素にのみ依存することになる．アイディアは至極簡単で，(1.3) にあらわれる時間のパラメーターを n 等分し，同じ形の積分核の作用素を n 倍し，その後で，形式的に n を無限大に飛ばすのである．もちろん，この n の無限大化は形式的なもので，積分と n の極限(ここでの極限は強収束の意味)を交換出来るためには，空間変数に関わる無限次元の測度が定義できていなければならない[11]．

$$
\begin{aligned}
e^{-itH_0}\psi(x) &= s-\lim_{n\to\infty}\Big(\exp[\frac{-it}{n}H_0]\Big)^n\psi(x) \\
&= \Big(\frac{m}{2\pi t/n}\Big)^{\frac{3}{2}}\int_{\mathbf{R}}\cdots\int_{\mathbf{R}}\exp\Big[\frac{im}{2}\sum_{j=1}^{n}\frac{|x_j-x_{j-1}|^2}{t/n}\Big]\psi(x_0)dx_0\ldots dx_{n-1}
\end{aligned}
\tag{1.4}
$$

ここで，積分の中に含まれる和の部分が，n を無限大に飛ばした時に，古典物理学の意味での作用汎関数に収束するとみなし，$S_n(x_0, \ldots, x_{n-1}, x, t) \simeq \int_0^t \mathcal{L}(x(s), \dot{x}(s))ds$ と考えると，先に述べたように，経路積分は，ラグランジアン密度 $\mathcal{L}$ を被積分関数とする，無限測度による積分という形になる．

一見して明らかだと思われるが，(1.3) と (1.4) は，ともに時間発展の状態関数を記述している．その限り，同じ情報しか与えていない．また，今の場合，(1.4) の積分は，各変数につき積分可能であるので，積分した結果は，形式的には，(1.3) と同じになる．むしろ，数学的な定式化からみれば，経路積分は複雑であり，無限次元測度が存在しないという根本的欠陥があるから，(1.4) を積極的に使う意味はない．もちろん，物理学の立場から見れば様々な形式的

158   第Ⅳ部　物理学の時間概念とその問題

計算が，ラグランジアンを使うことによって容易になるという長所があり，また，複雑なハミルトニアンになると，積分核が特殊関数を使わなければ表せず，また，系の相互作用が入った場合には，積分核があらわに表記できない，という問題もある．そこで，ここでは，厳密性を多少犠牲にして，経路積分への書き換えによって，時間についてどのような解釈が可能になるかを考えてみよう．

2　積分の時間表示と時間平均の明示化

　(1.3) と (1.4) の表示の根本的差異は何か．どこに注目すべきなのか．この点に関して，時間表記に注目しよう．(1.3) では，時間のパラメーター t は，連続スカラー量として一気に与えられている．これに対して，(1.4) では，極限をとる前の時間は n 等分され，その n 等分の時間に対して，個別に粒子の運動と位置に関する積分核が割り振られている．つまり，(1.4) は，ある一定の時間における粒子の状態関数が分割されているのである．時間にのみ着目すれば，[(1.3) の時間 t] = [n 等分された (1.3) の時間の n 倍] と言い直すことが出来る．
　しかし，ここで，実は，n 等分という場合の「等分」は不要である．なぜなら，問題は (1.3) の時間が全体の和において (1.4) においても実現されているかどうかが問題なのであり，時間 t が何らかの形で分割されてさえいれば，その分割が均等であるかどうかは，本質的ではない．もちろん，(1.4) において使われているトロッターの公式による分割は，均等な n 分割によって，指数関数の積を足しあげることに基づいている．だが，この分割は，最初から全時間パラメータ t を前提し，その上で，それを均等に分割しているに過ぎない．量子的経路が不確定性関係により，[12] 確率的にしか認識できない限り，細分化された各時間において，粒子が均等な運動をしているということは，最初からいえないのである．つまり，(1.3)，(1.4) の時間 t について，$t = \sum_{j=1}^{n} t_j$，$\exp t = \exp\left(\frac{\sum_{j=1}^{n} t_j}{n}\right)^n$ なる条件が満たされていれば，細部の時間については不問に付されている．さらに，この細分化された時間についても，それをさら

に細分化し，各 j について，$\sum_{k=1}^{m} t_{j(k)}$ と細分化し，その細部化された時間を再び細分化することも可能である．こうした手続きは，粒子全体の経路を問う過程においては，計算の煩雑化を招くだけで，意味がない．だが，経路積分は，このような時間の分割・細分を可能にする側面を持っており，さらに，細分化された際の各積分核は，どれも同じ重み・形で全積分に寄与するということが前提されている．

以上を踏まえると，(1.4) は，いわば，全体の時間 t にいたる様々な細分時間の平均を足し合わせた時間によって構成されていると見ることも出来るだろう．つまり，各時間は，全体として足しあわされる前には，不均一であっても構わないのである．また，その不均一な時間の間に粒子がどのような経路を通って進んでいたか，どの程度の運動をしていたかについての情報を，時間との関係で正確に測ることは不可能である．これが，よく知られた時間とエネルギー（ハミルトニアン）との不確定性関係である．

3 時間を作用素としてみなすこと

ところで，時間がスカラー量であれば，ハミルトニアンは一般にヒルベルト空間上で定義された（非有界）作用素であるから，正準交換関係を考えれば $[t, H] = 0$ になってしまう．しかし，非定常状態でエネルギーを測って測定値がばらつく，という実験結果から，エネルギーの不確定さと非定常状態の尺度を示す時間幅との間に不確定な関係があることは事実である[13]．だが，時間は，今述べたように，通例，古典物理学の類推からみても，数学的にはスカラー量であって，作用素ではない，と理解されてきた．そのため，時間に関する作用素など存在しないと考えられてきた．しかし，時間は作用素として定式化されるべきだという考え方が昨今，市民権を得てきた．このあたりの仔細は以下の論述も含め次章で論じたいが，ここで概要だけを述べておこう．

作用素として考えられる時間とは，シュレディンガー型のハミルトニアンに

限れば，自己共役作用素ではないと考えられている．これは，有限自由度に限れば，フォン・ノイマンの一意性定理という定理によって，下に有界な自己共役作用素と正準交換関係を満たす自己共役作用素が存在しないことが容易に分かるからである．

そのため，時間作用素が自己共役であれば，当然，フォン・ノイマンの一意性定理より，その存在は否定される．作用素が自己共役でないということは，時間作用素のスペクトル（離散的な場合には固有値ともいわれる）が実数でない可能性もある．しかし，そもそも，虚数，複素数という数は，複素共役との積を通じて平方根を取らない限り，長さを測ることは出来ない数である．

我々は，日々の実感から，時間とは直線的に，一様に，過去から未来へと流れ行く直接計量可能な「何か」として実感している．このため，虚数時間などといわれても時間の本質をついているとは，即座には考えられないであろう．古典物理学の中で使われる時間パラメータ t は直観的であり幾何学的にみて簡便な表示でもある．また時間パラメータの起源が古典物理学の中で問われることはない[15]．それは，しばしば時間の矢にたとえられ，過去から未来へいたる直線的対象と解釈されることがある[16]．しかし，こうした物理学的時間は，古典物理的時間，我々の身体スケールに近い測度で測られたマクロ的な時間であり，こうした時間を物理学的時間のすべてであるといってしまうことには少々問題があるかもしれない．古典物理的範疇で常識的に測っている時間は，確かに一次元的に，切れ目なく，流れているようにも思え，時間の表象を空間化することができるだろうし，その時間は，序章で述べたように，我々が知覚する物体の運動とも関係している．物体の運動は，古典的には，一次元運動に限ってみても，必ず連続的であり，飛躍しない．そして，運動の状態は一意に定まる[17]．さらに，運動量（あるいはエネルギー）と時間はともに別々に確定的である[18]．

しかし，現代の物理学，量子力学系にうつると事態はそれほど単純ではない．不確定性関係は，位置と運動量が別々に（非依存的に）確定値を持たないことを示している．また，先に触れたように，時間とエネルギーとが，不確定でもあ

ることが，形式的（物理的）には，定式化されている．

時間作用素Tとは，系のハミルトニアンとの間で正準交換関係を満たす作用素であるが，この作用素が時間作用素といわれるのは，形式的には，それが時間の物理次元をもつことによる．量子物理学においては，観測量と観測値は分けて考えられなければならないが，観測量が自己共役作用素（の一部）でなければ，観測値，つまりスペクトルが実数でなくなる可能性がある[19]．このため，時間は実数に違いないという思い込みから，パウリの主張以来，時間作用素は存在しないと考えられてきた．しかし，ハイゼンベルクの不確定性関係は，二つの作用素がともに，自己共役作用素である必要はなく，自己共役作用素よりも広いクラスの対称作用素によって導出できる．時間作用素は，本質的にはスカラー量とは異なる物理現象を担う量であり，平均値をとったり，状態ベクトルとの間で標準偏差を計算したりする作業を通じて，あるいは不確定性関係の計算を通じて，他の物理量へとある種の規制を与える．時間が作用素として記述され得るということは，不確定性関係からみて，象徴的な言い方をすれば，時間がある種の「揺らぎ」を持ってしか語れない，ということを意味する．ここで古典物理学的時間像は破綻するかも知れない．ある時間の近傍全体が，ある時間のある瞬間を指している，としか表現できないのである．つまり，時間も，確率的にしか表現できない．ただし物理的表現としては，この時間平均tをパラメーターとするシュレディンガー方程式は，決定論的方程式として解くことができる[20]．

4　経路積分の時間表示の意味

ここで，経路積分の時間表示について再考しよう．経路積分においては，時間に関する情報は，いわば一種の時間平均として考えることが可能である，と先に述べた．もちろん，ここでいう平均とは，(1.4) の表示をみれば明らかなように，作用素としての平均ではない．また，一般に時間作用素は有界作用素

162   第Ⅳ部 物理学の時間概念とその問題

とは限らない．しかし，次のような制限をおくことによって，時間作用素の期待値と，経路積分における時間平均の間の繋がりを「形式的」に考えることが出来る（「形式的」というのは以下にみるように，数学的な作用素論の観点からすれば，問題がある，ということである）．

(1.4) においては，シュレディンガータイプのハミルトニアンに対する無限次元測度が存在しないのだから，最初から極限と積分が交換できない．そこで，時間分割の連続化はあきらめ，ある始時間 t_i から終時間 t_n までを離散的に分割する．この分割は等間隔でなくてもよく，同じ時間を重複して数え上げてもよいことにする．その場合，有限次元の密度行列 $\sum_{i=1}^{n} \rho_i = 1$ を使い，全体の時間を，

$$t = \sum_{i=1}^{n} \rho_i t_i \tag{4.1}$$

と重複度も込めて数え上げる．

一方，時間作用素を有限次元に制限してしまえば（有限次元作用素にしてしまうならば），対称作用素は，有限次元においてはエルミート行列と同じであるから，簡単に対角化ができる．そこで，任意の時間作用素 $T \in M(m, \boldsymbol{C})$（m次元複素エルミート行列）に対して，その対角化における固有値を相異なるものに並び替えて，k個とれば，単位の分解 $\{p_1, ..., p_k\}$ と相異なる実数列 $\{\lambda_1, ..., \lambda_k\}$ [21] が一意に定まり，

$$T = \sum_{i=1}^{k} \lambda_i p_i \tag{4.2}$$

となる．

また，密度行列は，単位の分解 $\{p_1, ..., p_k\}$ と，その上の確率分布[22]，$\{\mu_1, ..., \mu_k\}$，$(\mu_i \neq \mu_j, i \neq j)$ を使って，一意に

$$\rho = \sum_{i=1}^{k} \mu_i p_i \tag{4.3}$$

と書ける.

よって，(4.1)，(4.3) より，

$$t = \sum_{l=1}^{n} \sum_{j=1}^{m} \mu_{l,\,j} t_l p_{l,\,j} \tag{4.4}$$

となるから，(4.2) の射影の族と (4.4) の射影の族の和を適当に取り直し，対応をつければ[23]，時間作用素の固有値を表す実数列 $\{\lambda_1, ..., \lambda_k\}$ と経路積分の時間分割の各要素 $\{\mu t_1, ..., \mu t_k\}$ の間に定量的対応関係が築ける[24].

　今，有限次元の最も初等的な例で時間作用素と経路積分の対応関係をみたわけであるが，ここには根本的な問題がある．それは，今，有限次元に限っているということは時間を有限としてみなしているという問題である[25]．しかし，普通，時間は日常的な感覚では，幾何学的な実数直線によって表記されイメージされるように無限である．数学的には有界なエルミート作用素は，すべて自己共役作用素になってしまうから，時間を非有界作用素として考える，という数学的な意味はなくなってしまうのである．したがって，時間の作用素を考えるには，必然的に非有界作用素の世界，無限次元の世界へ移らなければならないのである．

　しかし，無限次元に移ると，とたんに話は難しくなる．それは，一つは，繰り返しになるが，(1.4) において，極限と積分の交換が簡単には成立しないからである．もし，仮に極限を積分の中に入れて[26]，指数関数の肩のラグランジアンを計算できたとしても，今度は，これに対応する時間作用素は，対称作用素であるという問題が浮かび上がる．無限次元空間では，対称作用素は必ずしも自己共役ほど解析が簡単ではないので，作用素論的に高度な議論が必要になる．

　だが，有限次元に限れば，経路積分は，時間要素の分割と，時間作用素の間の関係を陽にみることが出来る表示といえるだろう．また，確率論的な情報が，グリーン関数の表示に比べて，より分離しやすいということもいえる[27].

164　第Ⅳ部　物理学の時間概念とその問題

　経路積分は，数学の理論としては，無限次元測度の存在とリンクして，未だ，量子力学に関してさえも超越的方法にとどまっている．したがって，無限自由度の場の量子論における経路積分の数学的定式化など，全く予測さえつかない．しかし，例えば，実時間，実数パラメータ t を虚数時間へ解析接続すると，我々が馴染みのウィナー測度へと変容する．[28] ウィーナ測度は確率論で多用される測度であるが，この測度はもちろん収束し，値をもつ．時間作用素が対称作用素であり，そのスペクトルが仮に虚数，複素数になった場合には，その時間スペクトルを経路積分の時間とみなして，経路積分を定式化することが出来るかもしれない．このとき，経路積分は実時間の時に比べて，大幅な適用範囲と意味を獲得する．こうした立場から見れば，そもそも古典物理学的に時間をスカラーとみなし，時間を実数として表せること，さらに，直線的に過去から未来へと続くパラメータであることのほうが，逆に派生的であるのかもしれない．物理学においても時間概念さえ，古典物理学的概念から量子物理学的概念へ大幅な変更が迫られるべきかもしれない．量子物理学においては，位置や速度が作用素へ置き換わったのであるから，時間のみが古典的なままでよいと考えるのも不自然ではなかろうか．

　第Ⅱ部，第Ⅲ部で論じたように，オレームやニュートンの定式化以降，時間パラメータについては，何の根本的反省も加えられないという事態が問題であるのかもしれない．

5　宇宙論との関連（1）

　前節最後で触れたように，t を複素数とする場合，経路積分表示は，ウィーナ測度として意味をもつ．汎関数積分論において，いわゆる，数学においては（熱）半群の議論に接続される．

　(1.3) は，$t > 0$ の場合，有界である．この積分核を使うと，先の経路積分 (1.4) は，ファインマン＝カッツの公式により，確率過程の表示へと変更できる．[29]

第8章 物理学における時間表示の問題 165

もちろん，今の場合，時間パラメータも空間パラメータも，古典物理的時間・空間表示のままであるが，少なくとも，実時間と虚時間は，経路積分表示に関していうと，数学的には積分の測度の有無に関係する，重要な問題を提起している[30]．

ところで，特殊相対論における四次元時空であるミンコフスキー時空は，普通の内積空間と異なる不定計量によってその世界長sがきまる[31]．そうはいっても$s^2 = -(ct)^2 + x^2 + y^2 + z^2$に現れる時空パラメータは，マクロな世界の古典的時空表示である．そこで，その表示自体を全て作用素とみなし，$\langle T \rangle + \langle X \rangle + \langle Y \rangle + \langle Z \rangle$という構造も考えてみる必要があるかもしれない（ここでの$\langle A \rangle$はAという作用素を意味する）．

ただ，可微分リーマン時空は滑らかであることが前提されているが，量子論的構造が入れば，周知のように，非可換時空の構造をそこへ持ち込まなければならない．曲がった空間，ガウス曲面論は量子論の中に存在していない[32]，といわれているように，一般相対論の量子化というのは，数学的にみれば，まだ，ほとんど超越的問題に近いといえるかもしれない．普通の計量空間の平坦な空間上での時間の作用素の問題でさえ，まだ，多くの課題が存在する．それをミンコフスキー空間のような不定計量空間へ拡張し，さらに，曲がった時空へと移行させるということは，おそらく大変な努力が必要となる．

有名な「重力場の方程式」

$$R_{\mu\nu} - \frac{1}{2}g_{\mu\nu}R - \lambda g_{\mu\nu} = \eta T_{\mu\nu} \tag{5.1}$$

（＊ηは万有引力定数Gに関係した定数，λは宇宙の構造を論じるためのアインシュタインの重力定数，$R_{\mu\nu}$は曲率テンソルからつくられる量，Rは，スカラー曲率と呼ばれる量，$T_{\mu\nu}$は，エネルギー・運動量テンソル．）

についても，$g_{\mu\nu}$という量，つまりリーマン計量，基本テンソルは，それが，その時空を測っている限り，その構造にも，時空を超えた超計量のような測度

166 第Ⅳ部 物理学の時間概念とその問題

やその一般化が必要となるかもしれない．リーマン計量が，空間の幾何学的性
質を決定する限り，それは古典物理的見地からは，ニュートン力学における万
有引力のポテンシャルに相当するが，極限的世界におるポテンシャルの構造に
よって，計量の書き方さえも再考されるべきかもしれない．もちろん，重力場
の正準量子化の試みはなされているが[33]，現在の計量形式を超えた理論が必要だ
ろう．

　また，量子論は，基本的に，線型空間の構造の上にのっているが，繰りこみ
などの問題が浮上するような（重力場の方程式のような）非線型構造におけるカオ
ス的量子論という問題も考えなければならないだろう．むしろそもそも重力そ
のものの背景に懐疑の目を向ける必要があるかもしれない[34]．

6　宇宙論との関連（2）

　基本的なことであるが，宇宙物理そのものを論じる理論としては，現在のと
ころ，いうまでもなく相対性理論が必要である．ミクロ世界の力学が必要にな
る宇宙創世の理論としては，量子論もまた必要である．宇宙の始まりには，四
つの力が高次の対称性のもとに統一されていて，そうした統一理論のために素
粒子論の方向から超弦理論が提唱され，また，重力理論の方向から量子重力理
論・スピンネット理論などが提案された．スピンネットの理論には，時空の存
在が最初から仮定されていないといわれる[35]．その限り，超弦理論のように時空
のパラメータを弦や膜の振動に最初から埋め込んでいる理論とは違う方向があ
るのかもしれない．

　ところで，現代の宇宙の創世物語として，ビックバン宇宙当時の宇宙には低
エントロピー状態と高次の対称性の保持という，いわば綺麗な原初状態が仮定
されているようである．しかし，果たして，現宇宙の先にある時空世界を超え
た始原的な宇宙は，滑らかだったのだろうか．また，物理学において因果系列
を方法とする推論は，時間の作用素論的解釈も含めて，どこまで妥当するのか．

始原的宇宙が非時空的世界・無時空的世界だったとすると，カントのアンチノミー論を引き合いに出せば，思考停止におちいる．果たして時間のパラメータはどこから生まれてきたのだろうか．虚時間宇宙論のように，特異点が解消されると，時空の起源は最初からなく，虚数時間（複素数時間）が最初にあり，それが実数時間へと，いわば落ちてきた段階で，こうした現宇宙の時空が誕生したという話も可能になるのだろうか．

　現在の宇宙年齢は137億年前後で，曲率はほぼ平坦で，宇宙を構成する物質のほとんどがダークマター（22パーセント），ダークエネルギー（74パーセント）で，バリオン物質は，4パーセントだとされている[36]．ダークマターやあるいはダークエネルギー[37]の一つとして例えば質量をもつニュートリノなどが挙げられているが[38]，それらダークマターがクォーク三つからできているバリオンに比べて圧倒的に量が多いとすると，ボゾン（例えば光子）とフェルミオン（例えばクォーク，レプトン，電子）の超対称性のように，バリオンと非バリオンの対称性とその非対称性の数学的議論も必要なのかもしれない．そもそも，我々を構成しているバリオンのさらにその先にある始原的エネルギーであるとされるダークエネルギーには，フェルミオンとボゾンの超対称性を超えたような数理的論理構造が存在しているかもしれない．

　また，時空の量子化という問題は，その確率的解釈とともに，束縛条件によっては時空の離散化という問題にも突き当たるであろう．離散化された時空とは何であろうか．我々の身体（脳も含めた）を，外的連続世界に対する観測装置，外的ポテンシャル，外場とみなすと，脳内現象がデジタル的であるのは，脳内で時空が離散化されているためかも知れない．

まとめと問題

この章を終えるにあたり，いくつかの問題を述べておきたい．

まず，現在ダークエネルギーの量子揺動により，10^{-40}cmの時空が誕生し，

168　第Ⅳ部　物理学の時間概念とその問題

この時空中で真空が相転移し，10^{-36}sec. にインフレーションを迎え，そして
ビックバンがおこり，宇宙が誕生したとされる仮定がある．ビックバン以降の
宇宙生成論に限っても，時間のパラメータの存在を無視しては古典物理学に
限っても議論が頓挫するであろうし，三次元空間の世界を前提しなくては，我々
は建築物の中に住むこともできないだろう．しかし，時間と空間の問題を考え
るとき，常に問題とされる事柄の中に，なぜ時間次元は空間次元のように視覚
化されがたいのか，という問題がある．もちろん空間次元そのものがみえるわ
けではない．ただ我々は我々の身体や外部の構造物を通じて三つの次元を視覚
化している[39]．

　次に，ロジャー・ペンローズはゲーデルの不完全性定理に触発された物理学
者の一人であるが，彼が，現象を超えた世界（シェリングの根源的自然観に近い）
に我々の意識が接触可能なのかという可能性について論じる背景には[40]，現在の
科学理論，脳理論の原理そのものの破れをゲーデルの定理を通じてみているか
らであろう．多くの点で，ペンローズの議論には検討の余地があるように思わ
れる．我々の脳，身体は，超・時空世界の観測装置にすぎないのかもしれない．

　ライプニッツやシェリング，ヘーゲルは，人間の意識や理性を，より大きい
システムである絶対者の中で論じた．ライプニッツやヘーゲルをここで持ち出
すのは唐突の感を免れないだろうが，時間の構成という問題は，すでに物理学
を踏まえた形而上学の問題でもあるという点は忘れてはならないだろう．現在
の数理科学の枠組みは，まだまだ発展途上で，宇宙は人間の知性の挑戦を受け
続けるかぎり，確定的答えを拒み続ける理念世界だろう．

　最後に，本章の最初で扱った経路積分のモデルは，一体の自由シュレディン
ガー型のハミルトニアンに限っている．しかし，実際には，粒子は様々な外的
ポテンシャルをもつ．また，観測問題を考える場合には，外的ポテンシャルを
観測装置そのものとみることも可能である．こうした観点から，時間と経路積
分，観測の問題を考える必要もあるだろう．ここでの議論は，未だ，そのため
のほんの準備にすぎない．

第8章 物理学における時間表示の問題　169

注

1) 無限自由度の量子系は,「場の量子論」において扱われる.

2) [10], 56ページでは,「場の量子論の最も正統的で厳密な方法は, ……正準量子化である. しかし, 経路積分を用いた量子化は, 場の量子論では対称性を明確にするなどの点で大変有用である」と論じられている.

3) [3], 481〜483ページ, 参照のこと.

4) [12, 18] 参照.

5) [5, 15] 参照.

6) [27, 28] などは最近の結果である

7) 作用素の基本について注意しておこう. まず, 自己共役作用素より広いクラスの T が対称作用素とは, $D(\cdot)$ を対象となる作用素の定義域とし, $D(T)$ が稠密で, すべての $\psi, \phi \in, D(T)$ に対して, $(T\psi, \phi) = (\psi, T\phi)$ が成立することである. 言い換えれば, $T \subset T^*$. ここで, T^* は T の共役である. T が自己共役作用素になるのは, $D(T) = D(T^*)$, $T = T^*$ が成立する場合である. 観測量が自己共役作用素によって記述されることは, フォン・ノイマンによって初めて正確に規定された.

8) 経路積分は古典的ラグランジアンの表示のみによっていろいろな計算が出来るといわれている. 確かに物理的な形式においてはそういう言い方も正しいであろう [12, 18]. だが, 厳密な意味での無限次元測度の存在や積分の収束の問題からいえば, 数学的には殆ど超越的方法であり, 量子化を厳密に与えているとは言いがたい [6, 5, 15].

9) 証明は, [2, 9, 15] 参照.

10) [25]. 【Trotterの公式】: A, B を可分なヒルベルト空間上の自己共役作用素とする. $A + B$ が $D = D(A) \cap D(B)$ を定義域とする自己共役作用素のとき, 強収束の意味で, $\lim_{n \to \infty} (e^{it\frac{A}{n}} e^{it\frac{B}{n}})^n = e^{it(A+B)}$ が成立する.

11) シュレディンガータイプの経路積分に関しては, 実数時間の基本解を与える測度は存在しない [15].

12) 【不確定性関係】:

T, S を $\mathcal{H}$ 上の対称作用素とする. また, $\psi \in D([T, S])$ とする. このとき,

$(\Delta T)_\psi (\Delta S)_\psi \geq \frac{1}{2} |(\psi, [T, S]\psi)|$

但し, $(\Delta T)_\psi$ は, 確率変数 T_ψ の標準偏差を表す.

13) [16] 参照.

14) 次章第3節を参照のこと.

15) 小嶋の著作において [8], 古典的マクロ観測量としての時間（スケール不変性の破れの秩序変数）を量子的ミクロ系から見直す解釈もあるが, これも量子物理学（とりわけ場の量子論）においてはじめて可能となる.

16) [14] 参照.

17) 古典物理的時間とは, 相対論的状態も併せて, 四次元時空連続多様体上に局所座標を引き戻して定義した空間表象によって, 理解可能である. その多様体上の微分方程式を考えれば, 古典物理学のエネルギー・位置・運動量は, 理論的にすべて確定的に計

算できる.

18) エネルギーは運動量を使って定義できる.

19) ［2］，250〜251ページ.

20) 以上の観点からノイマン流の観測問題の一部が理解できるが，この点は次章を参照のこと.

21) 単位の分解とは，射影の集合族で，$p_i = p_i{}^* = p_i^2$, $p_i p_j = \delta_{i,j} p_i$, $\sum_{i=1}^{k} p_i = 1_n$ を満たす（今は，有限次元を考えている）.

22) ここでいう，単位の分解の上の確率分布とは，$\mu_i \geq 0$, $\sum_{i=1}^{k} \mu_i = 1$ を満たす実数列 $\{\mu_1, ..., \mu_k\}$ のことである.

23) 目下考察している作用素が働いている有限次元空間の次元が同じであれば，一対一対応が付けられる.

24) 以上の議論で使われている数学については，例えば［1］を参照.

25) 次章で触れるが，自己共役になるタイプの時間作用素には時間周期型（つまり一種の有限時間型）のものがある.

26) 普通の実解析の測度論では不可能であるので，超準解析などを用いてもよいとする［15］.

27) 経路積分から確率情報を得やすいことは，この意味でも理解できる［22］.

28) ［5，6，15］参照のこと.

29) ［4］の8章参照.

30) ホーキングの虚時間論とも関連している.

31) ［3，11］など参照.

32) ［7］の序論箇所を参照のこと.

33) ［17，20］参照.

34) ［8］の第6章を参照.

35) ［13，24］参照.

36) ［20］，164ページ.

37) ダークマターそのものの存在に頼らずに，重力理論を修正しようとする立場もある［21］.

38) ［23］，130ページ

39) ［26］では，どうして空間三次元，時間一次元なのかについて時空の安定性との関係で論じられている.

40) ［19］の293〜296ページ.

参考文献

［1］明出伊類似・尾畑伸明『量子確率論の基礎』，牧野書店，2003年.

［2］新井朝雄・江沢洋『量子力学の数学的構造Ⅱ』，朝倉書店，1999年.

［3］新井朝雄『物理現象の数学的諸原理——現代数理物理学入門——』，共立出版，2003年.

［4］新井朝雄『量子現象の数理』，朝倉書店，2006年.

［5］一瀬孝「Path Integral入門」『数理物理への誘い』，遊星社，1994年.

［6］岩波講座『現代物理学の基礎［第2版］4 量子力学Ⅱ』，岩波書店，1978年.

第 8 章 物理学における時間表示の問題 171

[7] 大森英樹・前田吉昭『量子的な微分・積分』, シュプリンガー・フェアラーク東京, 2004年.
[8] 小嶋泉『量子場とミクロ・マクロ双対性』（量子数理シリーズ　4 ）, 丸善出版, 2013年.
[9] 黒田成俊『スペクトル理論 II 』（岩波基礎数学講座）, 岩波書店, 1979年.
[10] 坂井典佑『場の量子論』, 裳華房, 2002年.
[11] 佐藤勝彦『相対性理論』（岩波基礎物理シリーズ 9 ）, 岩波書店, 1996年.
[12] M.S.スワンソン『経路積分法──量子力学から場の理論へ──』（青山秀明ほか 訳）, 吉岡書店, 1996年.
[13] 竹内薫『ループ量子重力入門』, 工学社, 2005年.
[14] 中島義道, 『時間論』, 筑摩書房（ちくま学芸文庫）, 2002年.
[15] 中村徹『超準解析と物理学』, 日本評論社, 1998年.
[16] 並木美喜雄『物理One Point不確定性原理──量子力学を語る──』, 共立出版, 1982年.
[17] 藤井保憲『超重力理論入門』, 産業図書, 2005年.
[18] 藤川和男『経路積分と対称性の量子的破れ』, 岩波書店, 2001年.
[19] ロジャー・ペンローズ『ペンローズの［量子脳］理論』（竹内薫・茂木健一郎 訳, 解説）, 筑摩書房（ちくま学芸文庫）, 2006年.
[20] 前田恵一『重力理論講義──相対論と時空物理の進展──』, サイエンス社, 2008年.
[21] ジョン・W・モファット『重力の再発見　アインシュタインの相対論を超えて』（水谷淳 訳）, 早川書房, 2009年.
[22] 吉田伸夫, 「量子過程の記述から確率情報を分離することは可能か？」日本科学哲学会『科学哲学』35- 1 号, 2002年.
[23] バーバラ・ライデン『宇宙論入門』（牧野伸義 訳）, ピアソン・エデュケーション, 2003年.
[24] R. G J Pullin, *Loop, Knots, Gauge Theories and Quantum Gravity*, Cambrige, 2002.
[25] Reed and Simon: *Functional Analysis*, Academic Press, 1980.
[26] M. Tegmark, On the dimensionnality of spacetime, *Class.Quantum Grave.14*（1997）, pp. 69-75.
[27] Arvind N. Vaidya, Carlos F.de Souza, Marcelo B.Hott: Algebraic caluculation of Green function for a spinless charged particle in an external plane-wave electromagnetic field, *J.Phys. A: Math. Gen.21*（1998）, pp. 2239-2247.
[28] Arvind N.Vaidya, Pedro B.da S.Filho: Green function for a charged spin- 1 / 2 particle with anomalous magnetic moment in a plane-wave external electromagnetic field, *J.Phys.A: Math. Gen.32*（1999）, pp. 6605-6612.

第9章　時間と量子物理学における観測の問題

概　要

　前章で経路積分に関する問題を論じたが，無懐疑に時間を実数パラメータとすることに関しては，物理学においても数学の観点からすれば大きな問題があった．この章では，量子物理学における観測の問題を中心に据え，量子物理学の黎明期から大きな問題となってきていた時間作用素に関しても論じる．こうした考察の中で時間の解釈を深めたい．同時に，最近の時間作用素の進展とそれに伴う解釈を紹介したい．

　ただ本来，観測の問題は無限自由度の量子物理学（場の量子論）の中で初めて正しく解釈されるべきであると私は考えている．というのも有限粒子系の量子物理学は，問題の本質が理想化され，またヒルベルト空間上のベクトルを観測作業とは別に実在するかのように解釈してしまう可能性がぬぐいきれないからである（例えばシュレディンガーの猫の誤解に満ちた解釈）．しかし，無限自由度における観測問題には，難しい数学が必要となり，また多くの準備を必要とする．本章では，上記の問題を念頭に置きつつ，有限自由度での話が中心となる．

Keywords：観測の問題，時間作用素，正値作用素測度

は じ め に

　量子物理学が対象とするのは，電子や陽子，あるいは一般に素粒子[1]とよばれるミクロな対象である．この際，普通，量子物理学は，有限自由度の量子系を扱う「量子力学」と無限自由度の量子系を扱う「場の量子論」とに区別される．

174　第Ⅳ部　物理学の時間概念とその問題

量子力学においては，観測量と観測値は区別されねばならない．観測量は有限自由度の正準交換関係とよばれる代数から構成される対象（作用素・演算子）[2]によって記述される[3]．本章では，前者の量子力学系に関わる議論を中心に行う[4]．

　量子力学の解釈には，「観測問題」といわれる問題が存在する．観測問題とは，通常，量子系（例えば一体（一粒子）の電子）を記述する状態が，マクロな観測装置によって観測されるとき，非決定論的（非因果的）に収縮（reduction）する，とみなされる立場からの問題をいう．今，「みなされる立場」という表現を使ったが，その理由は，この収縮は収縮ではないという立場もあるからである．例えば，次節で触れる，コペンハーゲン解釈（特に，ボーアの解釈）においては，観測された現象のみが物理的に有意味であり，それ以前の状態の変化は物理的とは考えない．また，数学的にみれば，収縮とは，状態のヒルベルト空間から，一つのベクトルを選んでくることに対応する．収縮という概念は，ボーアのオリジナルではなくハイゼンベルクらによって考えられたとする見方もある[5]．

　観測装置を差し挟んで，観測される前の量子系の状態をアリストテレスの用語を使って，「潜在的可能性」あるいは「可能態[6]」とみなし，観測された後の状態を「現実態」とでも名付ければ，観測問題とは，「可能態（Dynamis[Möglichkeit]）」（以後（C）とする）と「現実態（Energeia[Wirklichkeit]）」（以後（A）とする）の梯子を，「観測装置」（以後（B）とする）を通じて，どのように架けるか，という問題といえる[7]．この区別に関しては後でもう一度述べることになる．

　本章は，こうした観測問題とも連関した，量子力学の時間に関わる問題を取り上げる．この際，この問題に対して，最近，物理学や数理物理学において研究が進んでいる時間作用素に解釈を加えたい．以下，次のように議論を進める．次節で，コペンハーゲン解釈の概要を整理する．次に，フォン・ノイマンの観測理論の要点を整理し，（C）における時間の記述と，（A）における時間の記述の違いを論じる．その後で，時間作用素について述べ，（C）と（B）の関連性について，（A）との関係の中で，量子力学の時間の捉え方に対して，新たな視点を提供したい．こうしたことを踏まえて，量子力学を超えて，時間解釈

第9章　時間と量子物理学における観測の問題　175

を再検討したい.

　なお, この章でモデルとなる量子力学系は, 後で論じる時間作用素のモデル
と関連しているが, 前章の第1節で提示した非相対論的ハミルトニアン（シュ
レディンガー作用素）によって記述される一体の量子的対象の描像である. 但し,
後の節で時間の作用素を扱う際には別種のモデルもあらわれる.

1　コペンハーゲン解釈の概要

　量子物理学の解釈問題において, 現在最も整合的な解釈として一般的に理解
されているのは, N. ボーアやW. ハイゼンベルクらによって構築された, 「コ
ペンハーゲン解釈（the Copenhagen Interpretation）」である. このコペンハーゲン
解釈についても, 様々な歴史的変遷がある[8]. コペンハーゲン解釈の核となる概
念は, ハイゼンベルクによる「不確定性関係（uncertainty relation）」であり[9], また,
ボーアによる「相補性（complementarity）」である[10]. 一般的に理解されているコ
ペンハーゲン解釈とは, 要点をまとめれば次の二点に集約される[11].

　（ア）量子物理学（の対象）が関わる現象は観測装置と不可分である[12]. （イ）
量子物理の現象も, 古典物理学の言語で語られる. そのため, 波動かつ粒子と
いった描像は, 古典物理学的カテゴリーにおいては排他的であるが, 実は, そ
れら複数の（双対の）描像が相互に補い合って, 量子物理学的現象について古
典物理学的言語で語ることが可能になる.

　ここで, 一つ注意をしておかなければならない. それは, 先に, （A）, （B）,
（C）という区別を設けたが, この区別は, ボーア自身に由来しない, という
点である. むしろ, 可能態から現実態への変容, という考え方を相補性の概念
へと取り入れたのは, ハイゼンベルクであるとされる[13]. ハイゼンベルクは, ボー
アとは異なり, 観測以前の状態関数を数学的に記述することに意味を認めてい
たと考えられる[14]. 現在の数理物理学, 理論物理学の数学理論との強い関係を考
えれば, ハイゼンベルクの理論構成は, 時間記述の区別を論じる際にも有用で

176 第Ⅳ部 物理学の時間概念とその問題

ある．そして，こうしたハイゼンベルクの相補性理論が，ボーアの相補性理論
と一体となった形で，現在のコペンハーゲン解釈が構築されており，ハイゼン
ベルク流の状態関数に関する解釈を，より徹底的に数学的に洗練させたのが，
フォン・ノイマンの観測理論である．次に，このフォン・ノイマンの観測理論
の概要をまとめ，問題点を指摘する．その際，状態関数（状態ベクトル）の収縮は，
第一種の収縮（理想的収縮）に限ることにする[15]．

2　ノイマンの観測理論と量子物理学における領域の整理

　フォン・ノイマンは，ハイゼンベルクの立場に比較的近く，ボーアが現象を
強調したのとは反対に，量子物理学の数学的定式化に大きな足跡を残し，数学
的に記述される世界の意味を強調した．ノイマンは，観測装置にかかる前の(C)
と，観測装置にかかった後の（A）を分ける[16]．(C) の状態ベクトルは，シュレ
ディンガー方程式によって記述される[17]．

　この方程式は，偏微分方程式であり，初期値を決めれば，数学的には解は一
意に定まる．この意味での決定論に従う状態ベクトルの時間発展をノイマンは
「過程2」とよんだ．ノイマンは，過程2に関して精密な考察を行った[18]．

　物理系の状態ベクトルψについては，(C) の固有ベクトルを $|\psi_n|$ とし，
観測装置のデータを読み取るという意味での物理量（B）の固有ベクトルを
$|\phi_n|$ とし，両ベクトルとも正規直交系とする．(C) に対する，一般の状態は
$\psi = \sum_n c_n \psi_n, c_n = (\psi_n, \psi)$ とし，観測装置の系は最初，中立状態ϕ_0にあるとす
る．また，$[H, C]\psi_n = 0$かつ，$[H, A]\phi_0 \neq 0$と仮定する（A, Cはいま（A）ミ
クロ系，(C) マクロ系の作用素を意味する）．この場合，全系の状態は，過程2にお
いては，

$$\psi \otimes \phi_0 \longrightarrow U(\psi \otimes \phi_0) = \sum_n c_n(\psi_n \otimes \phi_n)$$

と変化する，とされる[19]．これに対して，我々が物理量Qを観測する際に，状態

ベクトルが固有状態へと収縮する（数学的には，固有状態への射影によって「約された（reduced）」状態といえる）過程を「過程1」と名付けた．本章冒頭で述べた，非決定論的収縮とは，この過程1のことである．

ノイマンの観測理論には，過程2の状態と過程1との境界線が不明瞭であるという欠陥があった．もっともこうした欠陥は，ハイゼンベルクが状態関数を可能態と現実態に分けたときに，既に潜在的に内包されていた．というのも，観測装置も，それが量子的物質から構成されている限り，観測装置を構成する素粒子の状態関数も量子物理学の法則に従うともいえるからである．そのため，観測装置が古典物理的法則に従うと確定的に論じられないのである．ノイマンは，絶対自我，抽象的自我を持ち出し，自我との相互作用が状態関数の収縮をもたらすと論じたが，この点は今なお問題含みである[20]．

その後，E. ウィグナー，J. ヤオホらは，こうしたノイマンの理論を，熱力学的非可逆過程や観測装置の自由度の問題と捉え直した[21]．

では，観測装置との相互作用（B）を差し挟んで，我々は，（A）と（C）に関して，状態関数の時間発展をどのように理解すべきなのか．そして，収縮が起こっているとするならば，（A）時間と（C）時間はどのように関連しているのであろうか[22]．まず，この問に立ち入る前に，（A）時間と（C）時間の定式化の差異に注目しよう．まず，（A）時間から考えたい．（A）時間とは，ボーアが述べる現象の時間である．つまり，マクロ的時間，古典物理的時間，現実態の時間である．ここでは，本書の序章で述べたようなベルクソン流の内的時間意識といった問題には立ち入らないで，日常，我々が古典物理的範疇で常識的に測っている時間に着目する．この古典物理的時間では，時計の針が右に回るといった空間的な表象（イメージ）が可能である．紙と鉛筆を取り出せば，或る始点から或る方向へと一次元的に，切れ目なく，時間の表象を空間化することができる．

前章でも述べたが，この場合，時間は，我々が知覚する物体の運動とも関係しているという点に注意を払う必要がある．物体の運動は，一次元運動に限れ

178   第Ⅳ部   物理学の時間概念とその問題

ば，連続的であり飛躍しない．そして，運動の状態は一意に定まる．さらに，運動量（あるいはエネルギー）と時間はともに別々に確定的である．

一方，量子力学系においては，不確定性関係が働き，位置と運動量が別々に（非依存的に）確定値を持たない．のみならず，時間とエネルギーとが，不確定でもある．時間は，前章で述べたように古典物理学の類推からみても，数学的にはスカラー量であって，作用素ではない，と理解されてきたため，時間作用素など存在しないと考えられてきた．ところが，最先端の研究では，時間作用素が十分存在意味をもち，数学的定式化に成功している．この成功は，（C）における時間記述を精密に定式化でき，（A）との関係が，数学的に議論できる可能性を意味している．

ここで，以上のような観測問題を踏まえて，先に論じた（A），（B），（C）の領域設定を時間に関して適用し，今一度，分類しておこう．

　　（A）外的時間：実験に際して測られるマクロ的時間．
　　（B）観測の時間：観測そのものに関係する時間．
　　（C）内的時間：ミクロな対象そのものに関係する時間．

ハイゼンベルクの流儀にしたがって，上の（A），（B），（C）は，次のようにも解釈できる．

　　（A）古典物理的時間（現象している時間）．
　　（B）　観測に関する時間．
　　（C）非現象的時間（量子的時間）．

（B）は，（A）と（C）の橋渡し（接触面）とみなすことができる．ハイゼンベルクは先に述べたようにアリストテレスの用語をよく使ったが，この立場からみれば，我々が時間（C）を理解するには（B）の過程を通じて，ということになろう．そこで，この（B）を解析することが重要な問題になるのである．こうした議論は観測の問題の一例である．こうした分け方がもちろん，唯一で

あるわけではない．また，いわゆる状態関数の重ね合わせの観測による収縮の問題については，本文中で述べたようにノイマンがかつて論じた我々の意識をもちだす解釈さえもある．

3　時間作用素の歴史

　ここで（B）について，論じていきたい．というのも，我々は（B）を通じてしか（C）を理解する手段が原理的にないからである．そして，時間に関して（B）に相当するのが，現在のところ，これから論じる時間作用素ということになる．

　歴史的にはよく知られているように，非定常状態 (non-steady [non-stationary] state) において，粒子のエネルギーを測ると実験値が分散する．そこで，エネルギーと観測時間との間の不確定性が考えられた．例えば，ハイゼンベルクはシュテルン＝ゲルラッハ (Stern-Gerlach) の実験において，時間とエネルギーの不確定性関係，$\delta E \delta T \sim h$，を示した．これを正確に書くと以下のようになる．[26]

$$\Delta T \Delta E \geq \frac{1}{2}\hbar$$

ここで，Δ は標準偏差である．[27]

　この事実をふまえて，次に Y. アハロノフ（アハラノフとも表記される）と D. ボーム (Y. Aharonov and D. Bohm) は時間次元をもつ作用素を構成した．この作用素は「アハロノフ＝ボームの時間作用素」といわれる．[28]

$$T = \frac{1}{2m}(QP^{-1} + P^{-1}Q)$$

　Q は位置作用素であり，P は運動量作用素である．

　上の時間の作用素はポテンシャルのないシュレディンガータイプの自由ハミルトニアン $H_0 = \frac{P^2}{2m}$ と共役関係，すなわち，正準共役関係 (CCR))，$[T, H_0] = i$．（$\hbar = 1$），をもつように構成されている．ここで，次のような疑問が生じる．

180　第Ⅳ部　物理学の時間概念とその問題

　すなわち,「時間作用素Tは物理量なのか」という疑問である. つまり,「時間作用素のスペクトルは実数なのか」という問題であり, 換言すれば,「Tは(本質的に)自己共役作用素なのか」ということである. この問題に対して, かつてW. パウリは「違う」と答えた[29]. この問題の核心はフォン・ノイマンの一意性定理(Von Neumann uniqueness theorem)[30]から明らかになる. この定理に従えば, 時間作用素とCCRの関係を充たす自己共役な作用素(今の場合, 上のハミルトニアン)で, かつ下に(あるいは上に)有界な作用素は存在しないのである[31].

　しかし, パウリが示したのは, 有界な自己共役なハミルトニアンに対しては時間の作用素が自己共役にはなりえない, つまり, スペクトルが実数にならない, という点だけである. アハロノフ＝ボームのタイプの時間作用素の厳密な数学的定式化によれば[32]このタイプの時間作用素時間作用素は対称作用素として定義される(厳密には対称拡大を行う). その限り, 後で述べるが, このタイプの時間作用素は実数のスペクトルをもつことはない[33].

　アハロノフ＝ボームのタイプの時間作用素以降, 現在, ハミルトニアンとの間でCCRの関係を満たす時間作用素は様々構成することができるが, アロノフ＝ボームのタイプの時間作用素は, そうした様々なタイプの時間作用素の中でも, 最も基本的である. というのも, シュレディンガータイプのハミルトニアンはディラックタイプのハミルトニアンと並んで量子力学においては基本的な作用素であり, それとの関係で規定される時間作用素の数学的定式化とその解釈が, 現実のモデルに最も近いからである. 新井朝雄は, アハロノフ＝ボームのタイプの時間作用素に対して, ワイル表現の位相の強弱という観点から数学的な意味を与えた[34]. それについて簡単に触れると以下のようになる.

　今, ハミルトニアンHは常に(本質的)自己共役と仮定する(もちろん, 当該のHが自己共役かそうでないかは証明を要する). 時間作用素Tが自己共役であってかつHが非有界な自己共役作用素であれば, ワイル表現

$$e^{isp}e^{itq} = e^{-ist}e^{itp}e^{isq}$$

は存在する[35]. しかしアハロノフ＝ボームの時間作用素は自己共役ではない. しかし, それは対称作用素である. もし, 時間作用素が対称作用素でもよいとするなら, 以下のような結果がTについて得られる[36].

ある (閉) 対称作用素Tが自己共役作用素$\mathcal{H}$の上で, Hの関して$\mathcal{H}$上弱ワイル表現の時間作用素といわれるのは, 任意の$t \in \mathbf{R}$に対して, $e^{-itH}D(T) \subset D(T)$かつ, 任意の$\Psi \in D(T)$に対して,

$$Te^{-itH}\Psi = e^{-itH}(T - t)\Psi.$$

が成立する場合をいう.

さらに, ハミルトニアンの形により, 自己共役の時間作用素で重要な例が存在する. それはガラポンの時間作用素 (Galapon-Time operator) といわれる[37]. このタイプは, 前章で経路積分を有限次元で考えた際, 少し論じたように, 有限時間 (時間を有限区間で区切る) での時間の作用素である.

まず, 一般論から述べる.

Hを$\mathcal{H}$上の自己共役作用素で, 離散スペクトルをもつとする. すなわち$\sigma(H) = \sigma_p(H) = \{E_n\}_{n=1}^{\infty}$ ($E_n < E_{n+1}$, $\lim E_{n \to \infty} = \infty$): そして, 各々の$E_n$の多重度は一で$\sum_{n=1}^{\infty} \frac{1}{E_n^2} < \infty$とする. さらに$e_n$を規格化された$H$の固有ベクトルで, その固有は$E_n$であるとする. すなわち$He_n = E_n e_n$. $\| e_n \| = 1$.

このとき, 時間作用素Tが$\mathcal{H}$上, 定義できる:$D(T) := \mathcal{L}(\{e_k - e_l\| k, l \in \mathbf{N}\})$, (任意の$\Psi \in D(T)$). そして, $T\Psi := \sum_{n \neq m} \frac{i}{E_n - E_m} \langle e_m, \Psi \rangle e_n$.

もし$\inf_{|n, m \in \mathbf{N}|}(E_n - E_m) \neq 0$なら, この時間作用素は本質的自己共役となり, 有界となる. この一般論のもとで, ガラポンの時間作用素は以下のように一次元の調和振動子タイプである. すなわち, $H := \frac{P^2}{2m} + \frac{1}{2}m\omega^2 Q^2$, $m > 0$, $E_n = \omega(n + \frac{1}{2})$, $n \in \{0\} \cup \mathbf{N}$ (定数$\omega > 0$), とする.

この場合Tは有界な自己共役な作用素となり, 定義域は$D(T) = \mathcal{H}$となる. そして$T\Psi = \frac{i}{\omega}\sum_{n=1}(\sum_{n \neq m} \frac{\langle e_m, \Psi \rangle}{n - m})e_n$, $\Psi \in \mathcal{H}$. さらにスペクトル$\sigma(T) = [\frac{-\pi}{\omega}, \frac{\pi}{\omega}]$. が証明される. つまり, スペクトルが実数区間にある.

4　時間作用素と時間パラメータ：再考

　上のガラポンタイプの時間作用素は，特殊な例であり，一種の時計の運動を連想させる極めて興味深い例である．しかし，時間作用素のスペクトルが有限の区間でしか存在しないのは一般的事例とならない．

　時間作用素が自己共役作用素であるべきだと限定的に考えてしまう限り，時間作用素の物理的意味は広がりをもって理解されないだろう．そもそも，ハミルトニアンとの間でCCRを満たす作用素を物理量と考える必然性は，何らかのア・ポステリオリな仮定を置かない限り，ないのである[38]．

　そして，そのような作用素が，通例，物理量を表す作用素でなくても，現象を引き出す役割を担っている可能性があると考えることは否定できないだろう．目下の一般の時間作用素は対称作用素であるから物理量ではないが[39]，物理的現象を明らかにする物理的意味・役割を担っている．こうした意味・役割は，場の量子論で最も基本的な作用素である「生成・消滅作用素」にも当てはまる．これらは，対称作用素でさえない．そのため，当然，物理量ではない．また，生成作用素と消滅作用素の和の形をした作用素で，場の量子論で本質的な働きを行う「シーガル（Segal）の場の作用素」は，対称作用素であるが，そのままでは自己共役作用素にならず，適当な部分空間の上で作用素の閉包をとらなければ，自己共役にはならない[40]．しかし，それらは素粒子論を論じるためには，必要不可欠な作用素である[41]．もっとも，物理学として，定義域をあまり気にせず形式的な計算を行っている間は，さしあたり作用素の自己共役性と対称性の区別は等閑に付される[42]．だが，観測値とそれを陰に支える作用素とのつながりを厳密に区別することなくしては，時間作用素の物理的意味を論じることはできないだろう．時間作用素は，対称作用素として存在するが，しかし，物理的意味も兼ね備えているといい得るのである．

　時間作用素とは，以上の意味で，本質的には現象としてあらわれない，いわ

ば「潜時間」なのであるが，その潜時間は，平均値をとったり，状態ベクトルとの間で標準偏差を計算したりする作業を通じて，あるいは不確定性関係の計算を通じて，他の物理量へとある種の規制を与える，隠れた時間ともいえる．その限りで，純粋に（C）に存する時間を引き出す作用がある．ところで，今まで，（C）の時間という表現を使用してきたが，こうした（C）時間は，（A）時間とどのように異なっているのであろうか．

　（C）時間が，（B）において，作用素としてあらわされ，それがさらに，アハロノフ＝ボームタイプのように位置と運動量の作用素として記述されているということは，不確定性関係から，（C）時間がある種の「揺らぎ」を持ってしか語れない，ということを意味する．空間的表象を使えば，直線を描いて，ある一点を指し示すことができないということなのである．ある点の近傍全体が，ある時間のある瞬間を指している，としか表現できないのである．つまり，時間も，確率的にしか表現できない．物理的表現としては，例えばこの時間平均を t としてパラメーターとするという解釈も成立し，シュレディンガー方程式を決定論的方程式として解くことができる．しかし，それはあくまで，確率的に理解された時間をパラメーターとした場合であると解釈しなければなるまい．

　この時間平均を受けたパラメーター t は，平均をとった段階で揺らぎが消され，その限り，（A）時間と対応可能であるとみなされてしまう．そのため，（B）による状態関数の収縮の問題に際して，時間パラメーター t が，（C）時間と（A）時間に接続され，両者の間に何かしらの時間的関係があると考えてしまう.我々[43]が，パラメーター t にだけ注意を奪われ，t の背後の作用素を把握できない限り，（C）時間が連続的な時間としてみなされてしまうのである．しかし，（C）時間と（A）時間は，時間の性質が異なると仮定しなければならないのではないだろうか．なぜなら，（B）を通じてしか，我々は量子的世界を（部分的にでも）知り得ないからである．

　そもそも（C）には時間が流れているかどうかさえ分からないのである．な

ぜなら，一般の時間作用素は物理量になり得る自己共役作用素ではない．その
ため，我々が常にスカラー量として（実数スペクトルを常にもつ量として）計量す
ることはできないからである．いまあえて「時間」という言葉にこだわれば，
異なる時間の間（潜時間と現象としての時間の間）に同じ時間概念を適用すること
には問題があると考えられる．有名な，アインシュタイン，B. ポドルスキー，N.
ローゼンによる量子力学への反論（EPR相関[44]）や量子テレポーテーションの不[45]
可思議は，この二つの時間の区別の側面から再考される余地があるように思わ
れる．この問題は，簡単にいえば，局所的物理系であるはずの二つの系が，空
間的に相互作用を受けないほど離れた地点でも，相対論的要請（力学的作用の伝
播速度は光速を超えない）を破って作用する「非局所的長距離相関」といわれる
現象である．しかし，こうした相関も，（C）と（A）の時間のあり方が根本的
に異なっており，相対論的要請が適用できるのは，状態関数が確定値を得た後，
つまり「揺らぎ」や重ね合わせが消された後の段階であるということを考慮に
入れる必要があるかもしれない．

5 時間作用素と正値作用素測度

CCRの方法は $[T, H]=i$ を基本にし，量子的時間そのものは観測不可能とい
う立場から，観測時間（B）を解析する方法である．しかしこうした方法とは
別の方法もある．この方法は，フレーデンハーゲン，ブルネッティ，ブッシュ
（K. Fredenhagen, R. Brunetti, P. Busch[46]）らによって近年，構築された方法で，時間
の問題を，相対的時空論と連関させる意味において，広く深い解釈をも可能
とする[47]．

この方法は数学としてみた場合，正値作用素測度（Positive Operator Valued
Measure（略してPOVM））を使う方法である．この方法を簡単に紹介しておきたい．
この POVMは，自己共役作用素のスペクトル分解に対応するスペクトル測度
（Spectral Measures（略してSPM））の一般化とみることができる[48]．

第9章　時間と量子物理学における観測の問題　　185

［定義］：

　$\mathcal{B}_{\Omega}$ をコンパクトハウスドルフ空間上の集合のボレル-σ-集合体とする．そして $\mathcal{B}(\mathcal{H})_+ := \{A \in \mathcal{B}(\mathcal{H}) : \mathcal{B}(\mathcal{H})$ はヒルベルト空間上の有界作用素の集合 $|A \geq 0\}$ とする．このとき，もし写像 $F : \mathcal{B}_{\Omega} \to \mathcal{B}(\mathcal{H})_+$ が以下の条件を充たすとき，F は Ω の POVM といわれる．

・$F(\Omega) = I,\ F(\emptyset) = 0$

・$F(S) = F(S)^*,$　（任意の $S \in \mathcal{B}_{\Omega}$ に対して）

・$\{S_n\}_{n=1}^{\infty} \subset \mathcal{B}_{\Omega}$ の相互に分離している要素に対して，$F(\cup_{n=1}^{\infty} S_n) =,$ $\Sigma_{n=1}^{\infty} F(S_n),$　（強収束の意味で）．

　F が $F = F''$ であるような POVM のとき，F は SPM である．よく知られているように，スペクトル理論はスペクトル測度に対応する作用素が自己共役か，有界な正規作用素（bounded-normal operator）か，ユニタリ作用素（unitary operator）の時に妥当する．しかし，POVM は測度の一意性は保証されないが，非有界な対称作用素（unbounded symmetiric operator）に対応する．少し具体的に書くと，以下のようになる．

$$\langle \psi,\ T\phi \rangle = \int_{\mathbf{R}} \lambda\, d\langle \psi,\ F(\lambda)\, \phi,\ \psi \in \mathcal{H},\ \phi \in D\ (T).$$

ここで，時間作用素の T の定義域は $D(T) := \{\phi \in \mathcal{H} | \int_{\mathbf{R}} \lambda^2 d\langle \phi,\ F(\lambda \phi) < \infty\}$ [49] 測度の一意性が成立しないため，様々な表現があるが，例えば先のアハロノフ＝ボームの時間作用素を可能とする POVM の一つとして，以下のように定式化できる [50]．自由なハミルトニアン $H_0 = \frac{p^2}{2m}$，に対して，POVM は次のようになる．

$$F(S) = \frac{1}{2\pi} \int_S \left(\left| \int_0^{\infty} dP \sqrt{\frac{P}{m}} e^{\frac{itP^2}{m}} \right|^2 + \left| \int_{-\infty}^0 dP \sqrt{\frac{-P}{m}} e^{\frac{itP^2}{m}} \right|^2 \right) dt$$

186 　第Ⅳ部　物理学の時間概念とその問題

あるいは，POVMは以下のようにもなる[51]．

$$F(S) = \frac{\sqrt{PQ}}{2\pi m} \int e^{it\frac{P^2-Q^2}{2m}} dt,$$

　これらを測度として，第一次モーメントに対して積分すれば，アハロノフ＝ボームの時間作用素が構成される．このPOVMの構成法は次の点で重要である．一つは，最初から，時間の次元や，時間の概念を前提せず，あくまで，対象の挙動を確率的にみるための測度を構成の基盤にしている点である．これは，数学的にはスペクトル測度の一般化にすぎないが，スペクトル測度自体が実空間上ではないヒルベルト空間上のある種の分解に伴って現れる．その点からみれば，POVMの方法は，観測できない世界の側の論理を数学的に取り込もうとする方法であると解釈することもできる．実際，ブルネッティやフレーデンハーゲンはそうした立場をとっているように見受けられる．

6　時間は一次元的なのかについて

　上で触れたアハロノフ＝ボームの時間作用素は非有界な対称作用素である．形式的には，自己共役な時間作用素を構成することは可能だが，その場合，特殊な例を除き[52]，エネルギーを表現するハミルトニアンが非有界になってしまう．エネルギーが非有界であるということは世界の安定性が破壊されるということであり，現実世界を説明するモデルにはならない．

　また，時間の作用素が対称作用素であるということは，そのスペクトルが実数にならないことを意味する．実際，Hが，ヒルベルト空間$\mathcal{H}$の対称作用素でTがアハロノフ＝ボームの時間作用素の場合，

　（ⅰ）もしHが下に有界なら，時間作用素のスペクトル$\sigma(T)$は複素素数$\mathbb{C}$，もしくは $\overline{\{z \in \mathbb{C}|複素上平面\mathrm{Im}z > 0\}}$

（ⅱ）もしHが上に有界なら，$\sigma(T)$は$\mathbb{C}$か$\overline{\{z\in\mathbb{C}|\mathrm{Im}z<0\}}$

（ⅲ）もしHが（上にも下にも）有界なら，$\sigma(T)=\mathbb{C}$

となることが知られている[53].

　したがって，仮に非有界な対称作用素を観測量とみなせば，観測値としての
スペクトルは実数にならない．この事実は，時間を実数の一次元性によって表
象しようとする我々の時間感覚や常識を根底から揺さぶる問題を提起している
のかも知れない．カントが時間を一次元的表象におき，ベルクソンが持続とい
う観念によって捉えようとした時間のイメージ自体が，かなり制限された領域
において成立しているといわざるを得ないのかもしれないからである．

　これまで考えてきた時間作用素は，最も基本的なハミルトニアンに対応する
作用素ばかりである．対応するハミルトニアンに外的ポテンシャルを入れた場
合でも，それらが相対的に小さい場合は，ハミルトニアンに関する数理物理学
における摂動論（例えば加藤＝レリッヒ（Kato-Rellich）の定理などが使用できるため，
ハミルトニアンのスペクトル自体が最初から連続となる[54]．ガラポンタイプン時間作用素はそ
の点で，例外的であるが，スペクトルが閉区間に閉じ込められている実数である点で，部分
的には時間作用素を現実の観測値と対応付けられ得る）のモデル（いわば時計の振子モデル）
になり得るかもしれない．

7　展　　　望

　揺らぎを持つ時間を時間とよべるかどうか，つまり（C）には時間が流れて
いるのかどうかは，（A）時間に慣れ親しんでいる我々の表象の延長で理解す
ることは極めて難しい．しかし，少なくとも，（A）時間と（C）時間は，ある
程度，区別されねばならない．そして，状態の収縮といった非決定論的（非因
果的）パラドクスの背景には，ひょっとすると，（C）時間の平均値をとった段
階のパラメーターtを（C）時間と接続することに原因の一部があるとも考え

188　第Ⅳ部　物理学の時間概念とその問題

られるかもしれない．従って，フォン・ノイマンの観測理論において「過程2」を考える際，状態の時間発展のパラメーターを，（A）時間で単純に置き換えてはならない．この置き換え，あるいは単純な同一視を行うと，（A）と（C）の境界がBを通じて曖昧になるだろう．しかし，ここで論じた時間作用素に対しては，数学的に厳しい条件（例えば，ハミルトニアンやポテンシャルに対する条件）が前提された簡単なモデルに基づいている．さらに，時間作用素が実際に，（C）時間とどのように関係するのかを，様々な，他のポテンシャルや作用素との関係，場の量子論との関係の中で，厳密に定量的に理解できた訳ではない．この点が，今後の課題となる．そのためには，観測装置を場の量子論で捉え直したり，散乱理論（あるいはS行列理論），を使った方法が必要になるであろう．

　最後に，ブルネッティ，フレーデンハーゲンあるいはC.ロベリのアイディアを取り入れた筆者の解釈として，[55]観測という行為を行う作用素による手続き（観測可能（物理）量：Observableといわれる）を二つのタイプに分ける方法がある．この方法には，POVMとともにヒルベルト空間におけるダイレーションDilation理論の研究が必要となる．この点について，以下簡単に論じよう．[56]幾分哲学的な切り口で考えたい．

7.1　観測可能量の区別

　例えば，次のような解釈を，ロベリを参考に拡張して考えてみよう．これは観測可能量Observablesを二つに分けることから始まる．一つは，（a）不完全観測可能量 partial observableである．これは ある「数（実数や自然数など）」により測定を行う際に使う物理量として定義される．もう一方は，（b）完全観測可能量 complete observableである．これは古典物理学における理論によって予測され得る値を示し，量子物理学おける理論においては確率分布を示す量として定義される．[57]

　このことを，今，ヒルベルト空間の状態関数の時間発展を例にとって述べよう．量子論のシュレディンガー描像において，ある状態$Q(t) = <\Psi(t), Q\Psi(t)>$

は完全観測可能量であるというのも，$Q(t)$ は時間に依存し，かつ$Q(t)$ は予測値であるからである．一方で，時間パラメータtは，ある不完全観測可能量である．なぜならtは状態の系に依存していない外部時間であるからである．[58]

時間作用素$T(t)$[59]はこうした観点からみる，ある完全観測可能量となる．一般的にみて時間パラメータと時間作用素をこうした観点から解釈する議論はほとんどない．だがこうした解釈は重要な見方を提供する．その利点の一つは，時間パラメータと時間作用素の観測量としての役割をきちんと分けられるという点である．こうした解釈をもう少し哲学的（存在論的）に考えてみよう．

先に論じた外的時間（量子系そのものではない，外的で古典的な性質を反映した時間）tと量子系に関係する時間，作用素としての時間である．もし我々が「時間」を日常的・常識的に解釈すれば，「時間」は時計で表示されるあの時間である．この時間を，ここで，(a) 現実的に定まった観測可能量としよう．一方で，量子系と関係する時間を（β）確率的で曖昧な観測可能量とする．さて，ここで先の（a），（b）の分類と今の（a），（β）の分類を併せて検討してみよう．

ある時間作用素が実軸上にスペクトルを持つ場合，この時間作用素は自己共役であり，対称作用素にとどまる場合，スペクトルは必ずしも実軸上にないことは前節で触れた．後者の場合，第5節で論じたように，スペクトル定理が成立せず，SPMと時間作用素の間に1対1対応がつかない．時間作用素が対称作用素である場合[60]，POVMの理論が必要とされる．この点を，上の分類問題と併せて，以下，ヒルベルト空間のサイズの問題として考えよう．

7.2 ヒルベルト空間の拡大と制限に伴う時間解釈

まず，（a），（b）と（a），（β）の関係を整理しよう．ここで重要になるのは，時間作用素のスペクトルとヒルベルト空間の構造である．時間パラメータtが実数の場合で，かつ我々がtを時間作用素のスペクトルとみなせば，tを掛け算作用素$M_F = T$のスペクトルとみなすことが自然である[61]．この場合，ヒルベルト空間を（b）に比較して相対的に大きく選ぶ．

190　第Ⅳ部　物理学の時間概念とその問題

　しかし（b）においてtは他の物理量に依存しているから，そうはできない．例えばアハロノフ＝ボームの時間作用素のように，CCRを通じてのハミルトニアンを考慮に入れなければならない．反対に（a）の場合は，ヒルベルト空間は相対的に小さくとることになる．実際，CCR$[T, H] = i$の定義域$D(TH)$$\cap D(HT)$を，見出す必要がある．

　次に，(a)，(β)について考えよう．(a)をスペクトルにおいて考える際には，そのスペクトルは基本的には実数である．というのも，我々の現実的世界では，時間は数え上げられなければならない（測られねばならない）．我々は複素数を，対象を測る量としては直接的に使えない．それゆえ(a)においては，時間の作用素は自己共役でなければならない．一方(β)においては，スペクトルが必ずしも実数である必要はない．いわば可能的世界においては（あるいは非古典的世界においては），時間は直接計測されるかどうかは，判然としないからである（そう要求することも，できない）．こういった場合には，時間の作用素が仮定的に，非自己共役，あるいは対称作用素として許容できるであろう．

　以上のような議論を踏まえると，：（a）かつ(a)，（a）かつ(β)，（b）かつ(a)，（b）かつ(β)のそれぞれの組み合わせのうち，次のような結果が得られるであろう．（a）かつ(a)，（a）かつ(β)の組み合わせについては，しかし，ここでは考察する必要はない．前者はtが掛け算作用素Tの出力として解釈されることを再解釈したことになるし，後者は(β)が対称作用素であることを許容する点からみて，（a）との関係から排除される．したがって，（b）と(a)，（b）と(β)の組み合わせをここでは考えればよい．考察に先立ち，関数解析におけるダイレーション理論のうち，最も基本的で重要なM. ナイマルクのダイレーション定理（Dilation theorem of Naimark）が必要になる．[62]なぜなら（b）を考えるにあたり，ヒルベルト空間の縮小が一般に必要になるからである．

　（b）かつ(a)の場合；この場合，時間作用素が自己共役であり，時間作用素の定義域がハミルトニアンによって制限されることを仮定するのは自然である．この場合の例として，我々は，ハミルトニアンが$H = \frac{P^2}{2m} - mgQ$（gは重

第9章 時間と量子物理学における観測の問題　　191

力加速度 [一定とする]) のようなタイプを挙げることができる．しかしこのハミルトニアンは非有界であるから，現実的なモデルとして（物理的な意味での現象論として）みなすことは難しい．これとは別に，先のガラポンタイプの時間作用素は（周期的時間モデルとして）有力である．

　次に（b）かつ（β）の場合；この場合，時間作用素は自己共役であることを仮定する必要はないが，ハミルトニアンによって定義域が制限される．このタイプの例として，アハロノフ ＝ ボームタイプが重要な例となる．実際，先に第5節で述べたブルネッティやフレーデンハーゲンの時間作用素の構成法は，数学的な手続きとしては，ナイマルクのダイレーション定理を使うことにより，この（b）かつ（β）のタイプを構成している．つまり，時間パラメータを導くような掛け算作用素を広いヒルベルト空間上で考え，ダイレーション定理により縮小されたヒルベルト空間上で，アハロノフ＝ボームタイプを構成する．こうすることで，時間パラメータと時間作用素を統一的に理解しようという解釈が幾分か開かれるのである．

7.3　まとめ

　上で，古典的時間（つまり時間パラメータ）と量子的時間（時間作用素）の関係を，ヒルベルト空間の作用素の問題として統一的にみる一つの解釈を紹介したがこの解釈は，まだ前途多難である．確かに作用素という数学的道具は，現代の数論ともいわれるように重要であるが（そのためスカラー量をスペクトルという量に対応させることは現代数学の多くの分野でなされているが），それを実際の物理学の中に落とし込むのは，それ自体，数学（広義のメタフィジカ）と物理学（フィジカ）の間のつながりをいかに見出すかという深遠な問題に戻ることになる．また，ミクロの世界とマクロの世界の相関関係（双対性）という関係からら時間の生成をとらえる作業も必要だろう[63]．

　時間は観測の問題と無関係でない限り，量子物理学にまで立ち入ると，知覚に対して外的に完全な実在としてミクロ時間を語ること自体，意味をなさない

192 第Ⅳ部 物理学の時間概念とその問題

ことがみて取れるであろう．ノイマンの議論が極端にみえて，それを否定して
みても，それは，決して観測の意味の真相をうやむやにしてよいということに
はつながらない．しかし，ノイマンの解釈には意識をどう定義するかという難
題が控えており，問題の性質上，綜合的な整合性は望めない点で，問題含みで
あることは確かである．さらに，時間の不可逆性と熱平衡（高エントロピーの移行）
が，古典物理学的時間概念と量子物理学的時間概念の間にどのように関係して
いるのか，というきわめて悩ましく難しい問題も忘れてはならない．現在の宇
宙論にまで立ち入れば，ハミルトニアンがあからさまに構成できない重力理論
やさらにその先にあるかもしれない量子重力理論を考える必要がある．

　観測という作業は，より広い視点から考えると，観測者と対象の相互作用（散
乱状態）とみることもできる．量子物理学，特に場の量子論における散乱理論
には，相互作用の状態そのものを上手く語ることができず，漸近状態とのユニ
タリな関係をもって理論が完結してしまう側面がある．相互作用が実際に生じ
ているミクロな世界をいかにして語るかは大きな問題である．観測という作業
は，いわば対象と「我々」の相互作用とみなすことが可能であるから，時間を
測るという作業は，観測の過程を精密に理解することと無関係ではない．

　以上のような難問を意識しつつ時間はどこから来たのか，という問を考える
際，数学としては非可換時空論やプランク長以下の世界の問題を考慮に入れる
必要がある．こういった世界の諸様相を考えるには，ライプニッツやボルツァー
ノの哲学を一方で指導理念にしつつも厳密な数学を水先案内人にして，探って
いかざるを得ないだろう．哲学と数理科学の双対性・相互作用こそが望まれる．

注
　1）素粒子はさらにボゾン粒子とフェルミオン粒子に分けられる．
　2）作用素・演算子ともoperatorの訳語である．前者は数学で，後者は物理学で慣用的に
　　使用される．
　3）【正準交換関係】に関しては前章を参照のこと．
　4）場の量子論においては，例えば，電磁波などの古典場が，無限自由度の正準交換関係
　　（正準反交換関係）を通じて量子化される．この手続きは「第二量子化」ともいわれ

第9章　時間と量子物理学における観測の問題　　193

るが，量子化は実際には一回しかない．この点については，例えば，［1］，56〜57ペー
ジ，を参照のこと．無限自由度の量子物理学は，後で触れるフォン・ノイマンの一意
性定理などが使えないため，極めて難しいため，本書では議論の内容から考えて論じ
ることはない．

5）こうした点については，［9］，108〜109ページ，参照のこと．

6）もちろん，アリストテレスの正確な用語法とは異なる比喩的な使い方である．［6］，
10ページ．

7）状態ベクトルの収縮を要請しないような解釈として，様相解釈といわれる議論もある．
これは，ノイマン解釈流のシュレディンガーの猫のパラドクスに陥らずに，収縮なし
の理論を構築する測度論・確率論に関わる問題である．この点については，［5］，17
〜22ページ．

8）コペンハーゲン解釈と以下に述べる相補性の歴史的研究としては，例えば，［9］．

9）不確定性関係に関しては前章を参照のこと．

10）不確定性関係と相補性の関係は微妙であるが，ヤンマーは，不確定性原理の発見が，
ボーアの相補性の提唱の動機となったという立場に反対する（［12］，105〜106ページ）．
ボーアが相補性についてのアイディアをはじめて公開したのは，1927年9月16日のコ
モ（イタリアの都市）演説である．このとき，空間・時間の枠付けと，因果性の要求
が互いに相補的であると述べた（［12］，110ページ）．

11）［6］，68〜80ページ，参照．

12）そのためボーアの解釈では，系の状態が観測装置と相互作用し，固有状態におちる以
前の観測量は無意味となる（［13］，51〜52ページ）．

13）ボーアにとっては，相補性とは，観測可能なものと不可能なものとの間に成立する事
態ではなく，観測の全条件を指定してはじめて意味をもつ．ハイゼンベルクは，ボー
アの相補性を使うが，意味が異なる場合がある（［9］，108〜109ページ）．

14）この点を証拠立てる発言は，ハイゼンベルクの著作の到るところに散見される．例え
ば［27：邦訳］，391〜393ページ（原著，S. 330-333.）には，日常の論理の拡張を相補
性の原理において，数学的実在との関係で捉えていると思われる発言があり，また，
プラトンの『ティマイオス』を引き合いにだし，素粒子は数学的形式によって表現さ
れる，と明言している．それに対して，ボーアは，数学の重要性を認めているが，量
子物理学との関係でいえば，数学を抽象的形式性や自然哲学における論理的枠組み，
といった言葉で表現している（［10］，における「数学と自然哲学」（1954の講演），
308，310ページ）．

15）第一種の収縮とは，ある量子系がオブザーバブルQの固有状態ψ_nにある時，Qを測っ
た直後にも同じ固有状態ψ_nに留まる場合をいう．これに対して，第二種の収縮とは，
固有状態ψ_nが変わる場合をいう（［6］，15〜16ページ）．

16）以下は，ノイマンの著作の日本語訳（［31］，278ページ以降）を参照した．

17）シュレディンガー方程式については前章第1節を参照のこと．

18）この過程は，状態ベクトル$\psi(t, x)$が，$U(t, t_0) = \exp(-iH(t, -t_0))$という形のユ
ニタリ作用素による時間発展の形をとり，$\psi(t, x) = U(t, t_0)\psi(t_0, x)$，のように
記述される．この状態の時間発展の描像は，「シュレディンガー描像」といわれる．

194 第Ⅳ部 物理学の時間概念とその問題

これは状態ベクトルの時間tに関する連続的変化を表しており，ユニタリ作用素は，今の場合，可微分であるので（数学的には，定義域の条件がいる），シュレディンガー方程式を満たす．これは状態の時間発展を決める式であり，ノイマンは，これを「過程2」とよんだのである．

19) なお，高林武彦は，「全系の相加的保存量と可換でないような量の測定の精度を上げるためには装置が充分多くの自由度を持つ必要がある」旨のことをウィグナー，荒木-柳瀬論文を引用し述べているが，そのような解釈は正しくないと思われる．固有値の数と自由度は，直接結び付く関係にはない：［6］，90ページ．［19, 36］．

20) ［3］のようなミクロ・マクロの双対性の捉え方は極めて重要であるが，本書では触れられない．

21) 以上の経緯についての分かりやすい解説として，［11］，48〜68ページ，参照．ちなみに，町田茂は，観測装置を要素分解し，検出装置の粒子の数Nを連続変数とし，さらにそれらが重ね合わせの利かない超選択側に従う電荷（中性子と陽子などは超選択側の例）である場合，近似的に収縮が起きるとし，熱力学的解釈を否定している（［11］，91〜92ページ）．但し，こうした解釈を行うなら，観測装置を場の量子論によって再定義した方が早道ではないかと思われる．また，超選択側に従う電荷を要請することは，技巧的であるとも考えられる．

22) 町田は，ミクロな時間とマクロな時間を分けるべきことを，物理学でよく使われるスケール変換の議論を基礎に，提唱している．そして収縮の時間をマクロの時間と考えている（［11］，103〜107）．但し，ミクロの時間を通常の「時間」と呼べるかどうかは問題である．

23) エネルギーは運動量を使って定義できる．

24) ［26］参照．

25) ［6, 27］参照．

26) ［28］の第7章を参照のこと．

27) 前章を参照のこと．

28) ［20, 29］を参照．

29) ［29］を参照．

30) 【フォン・ノイマンの一意性定理】：

qとpをヒルベルト空間上$L^2(\mathbf{R})$上に定義された，$q := M_x$，$p := -iD_x$とする．ここでM_xは変数$x \in \mathbf{R}$による掛け算作用素，D_xはxにおける一般化され微分作用素．このとき，自己共役な組み(q, p)はワイル関係式（Weyl representation of the CCR），すなわち，

$$e^{isp}e^{itq} = e^{-ist}e^{itp}e^{isq}$$

を充たす．

(q, p)はシュレディンガー表現（Schrödinger representation of the CCR）といわれる．

$\mathcal{H}$を可分なヒルベルト空間とし，(Q, P)をある【ワイルWeyl表現】（ワイルの関係式を満たす表現）とする．このとき，もし(Q, P)が既約であれば，あるユニタリ作用素が存在して，$U : \mathcal{H} \to L^2(\mathbf{R})$．その結果，$UQU^{-1} = q$，$UPU^{-1} = p$となる．

そうすると，スペクトルは各々次のようになり$\sigma(Q) = \sigma(q) = \mathbf{R}$，$\sigma(P) = \sigma(p)$

第 9 章　時間と量子物理学における観測の問題　　195

＝ **R**，このことは，ハミルトニアンの有界性に反する

31)［28，29］を参照.

32) このタイプの時間作用素の数学的に厳密な定式化は，宮本学によってなされた［30］.

33)【アハロノフ＝ボームのタイプの時間作用素の定義】：時間作用素は，一般に着目している物理系のハミルトニアンHと正準交換関係をみたす対称作用素として定義される.

　　ヒルベルト空間の上でTがハミルトニアンHに関する時間作用素であるとは，以下（1），（2）をみたす.

　　（1）Tが対称作用素である.

　　（2）$D(TH) \cap D(HT)$上で$[T, H] = i$

34)［15，34］を参照.

35) ワイル表現の定義については先の注（30）を参照のこと.

36) 2016年11月時点の最新の時間作用素の分類に関しては［18］を参照のこと.

37)［17，25，29］を参照.

38) 本章で触れた弱ワイル型表現やワイル型表現に関わる条件である.

39) 作用素が対称作用素の場合，以下でみるがスペクトルが複素数になる［15，16，32］.

40) 正確にいえば，有限粒子ボゾンフォック空間上（もちろん稠密）で本質的に自己共役となる.

41) ここまで，物理量，作用素を分けて論じているが，この点は明確に意識されなければならない．すべての自己共役作用素が物理量になる訳ではないが，物理量は自己共役作用素によって記述される．しかし，対称作用素や一般の閉作用素は，物理量として直接現象に顔を出すわけではない．こうした対称作用素と自己共役作用素に関わる問題は，数学的実在と物理的実在の間の問題とも関わり，安易な解釈が与えられるべきではない．しかし，本章では，少なくとも，対称作用素は物理的にも意味を持ち得るという立場で議論を進めている.

42) 多くの物理学の教科書には，エルミート作用素，対称作用素，自己共役作用素の区別が曖昧なものが多い.

43) 結果，作用の伝播が相対論的要請と矛盾するようにみえるのではないのだろうか.

44)［35］にあるまとまった古典文献は重要である.

45)［2］，168ページ，参照.

46)［21，22］を参照.

47)［24］を参照.

48) 以下の定義については，例えば［8］を参照のこと.

49) 作用素論あるいはヒルベルト空間論の厳密な観点からいうと，この定義域の定義のみではPOVMの一般論としては適当ではないが，議論が煩雑にならないようにするため，このように定めておく（POVMにおいては作用素に関する2次のモーメントは，うまく定義できないからである）.

50)［22］を参照.

51)［21］参照.

196 第Ⅳ部 物理学の時間概念とその問題

52) 例えば，ハミルトニアンが調和振動子のタイプなどを除く．

53) ［16，32］を参照．

54) ［15］参照．

55) ［33］を参照．

56) 詳しくは，［23］．

57) （a）は見方を変えれば，系内部の拘束条件を持たないで決められる量ともいえる．例えばCCRなどによりハミルトニアンがある種の拘束条件を課された上で決められる量は（b）である．

58) この部分は，本章第2節で論じた時間の（A），（B），（C）のうち（A）に相当する．

59) Tをtでパラメータ表記しているのは，ワイル表現や弱ワイル表現から明らかであろう．

60) 断るまでもないが，対称作用素が有界であれば自己共役になるから，ここでは非有界な作用素を仮定する．

61) ここではtを観測結果と仮定する．tと掛け算作用素のスペクトルの間にあるアナロジーを導入する．次のように定義する：

（X, B, μ）をσ-有限可測空間とし，FをX上のBorel-可測関数とする．そしてμに関してほとんどいたるところ有限とする．この場合，以下のように掛け算作用素M_Fが$L^2(x, d\mu)$上に定義される：

$D(M_F)：= \{f \in L^2(x, d\mu) | \int_X |F(x)f(x)|^2 d\mu(x) | < \infty\}$,

$(M_F f)(x)：= F(x)f(x)$, a.e.x, $f \in D(M_F)$

周知のように，M_Fは自己共役である．Fが$\mathbf{R}$上連続であれば，$\sigma(M_F) = \overline{F(\mathbf{R})} = \mathbf{R}$. それゆえ，$t$を$\mathcal{H} = L^2(\mathbf{R})$上の掛け算作用素$M_F：= T$のスペクトルとみなすことができる．そのスペクトル射影$E_T(I)$，$I \subset \mathbf{R}$は可測である．

こうした仮定の下で，時間パラメータtを$\sigma(T)$の要素とみなす，すなわち$t \in \sigma(T)$. ただ，これは，現実的な量子系の時間とみなすことはできない．いわば，（a）としての時間量を強引に作用素と関係づけただけである．実際の時間作用素のスペクトルは，ハミルトニアン（が存在している場合は）との関係において理解されなければならない．

62) ［ナイマルクの定理：Theorem：M. Naimark：［14］］

$\mathcal{K}$上の任意のPOVM Fに対して$\mathcal{K}$とあるSPM Eとを含むあるヒルベルト空間$\mathcal{H}$が存在して，以下が充たされる：

$PE(S)P = F(S)$，（任意の$S \in \mathcal{B}_\Omega$に対して）

ここでPは射影：$\mathcal{H} \rightarrow \mathcal{K}$.

63) ［3］の瞠目すべき哲学．

64) ［3, 4］参照．

参考文献

［1］新井朝雄『多体系と量子場』（岩波講座・物理の世界・量子力学5），岩波書店，2002年．

［2］井手俊毅・小林孝嘉・古澤明「量子テレポーテーション」『別冊・数理科学　量子情報理論とその展開』，サイエンス社，2003年．

［３］小嶋泉『量子場とミクロ・マクロ双対性』（量子数理シリーズ　４），丸善出版，2013年．

［４］ロジャー・ペンローズ『皇帝の新しい心　コンピュータ・心・物理法則』（林一 訳），みすず書房，1994年．

［５］佐藤俊治「性質の時間発展の安定性と相互独立性——ファーマースとディークスの様相解釈の検討——」『科学基礎論研究・第98号』科学基礎論学会編，2002年．

［６］高林武彦『量子力学——観測と解釈問題——』（保江邦夫 編），海鳴社，2001年．

［７］並木美喜雄『物理One Point不確定性原理——量子力学を語る——』，共立出版，1982年．

［８］日合文雄・柳研二郎『ヒルベルト空間と線型作用素』，牧野書店，1995年．

［９］藤田晋吾『相補性の哲学的考察』，多賀出版，1991年．

［10］ニールス・ボーア論文集１『因果性と相補性』（山本義隆 訳），岩波書店（岩波文庫），1999年．

［11］町田茂『量子論の新段階』，丸善出版，1986年．

［12］M・ヤンマー『量子力学の哲学　上』（井上健 訳）紀伊國屋書店，1988年．

［13］マイケル・レッドヘッド『不完全性・非局所性・実在主義——量子力学の哲学序説——』（石垣壽郎 訳），みすず書房，1997年．

［14］N.I.Akhiezer and I.M Glazman, *Theory of linear operator in Hilbert space-two volumes bounds as one*, (trans. by M.Nestell), Dover Publication, 1993.

［15］A.Arai, Some aspects of time operator, in *Quantum Bio-Informatics*, eds. L.Accardi, W.Feudenberg and M.Ohya（World Sientific, 2008）, pp. 26-35.

［16］A.Arai, Spectrum of time operators, *Lett. Math. Phys.* 80（2007）, pp. 211-221.

［17］A.Arai and Y.Matsuzawa, Time Operators of a Hamiltonian with Purely Discrete Spectrum, *Rev. Math. Phys.* 20（2008）, pp. 951-978.

［18］A.Arai and F.Hirosima, Ultra-weak Time operator of Schödinger operator, *arXiv: 1607.04702v2［math-ph］19*, Jul 2016.

［19］H.Araki and M.Yanase: *Phys. Rew.*, 120（1960）, pp. 622.

［20］Y.Aharonov and D.Bohm; Time in the Quantum Theory and the Uncertainty Relation for Time and Energy, *Physical Review*122, 1649（1961）.

［21］R.Brunetti, K.Fredenhagen, M.Hoge, Time in quantum physics: From an external parameter to an intrinsic observable, *Found. Phys.* 40（2010）, pp. 1368-1378.

［22］P.Busch, The Time-Energy Uncertainty Relation, *Time in Quantum Mechanics-Vol.1*, second Edition, Springer, 2008.

［23］T.Fujimoto, Time parameter, Time operator and Hilbert space in; *SYLWAN journal, vol.158, Issue 5.*（ISSN: 0039-7660）, 2014, Warszawa, Poland.

［24］K.Fredenhagen, Noncommutative Spacetime, and Quantum Coordinates of an Event, *Quantum Theory and Symmetries* – 4, ed. V.K.Dobrev, Heron Press, Sofia（2006）, pp.3-9.

［25］E.A.Galapon, Self-adjoint time operator is the rule for discrete semi-bounded Hamiltonians, *Proc, R.Soc. Lond.* A 458（2002）, pp. 2671-2689.

[26] H.Kobe and V.C.A-Navarro: Derivation of the energy-time uncertain relation, *Phy. Rev.* A 50（1994）, p. 933

[27] W.Heisenberg, *Der Teil und das Ganze-Gesprache im Umkreis der Atomphysik-*, München, 1969. W.ハイゼンベルク『部分と全体——私の生涯の偉大な出会いと対話——』（湯川秀樹 序／山崎和夫 訳）, みすず書房, 1974年.

[28] M.Jammer, *The conceptual development of Quantum Mechanics*, McGraw-Hill, (1966)／ヤンマー『量子力学史1，2』（小出昭一郎 訳）, 東京図書, 1974年.

[29] J.G Muga et al, Introduction *Time in Quantum Mechanics-Vol.1*, second Edition, Springer, 2008.

[30] M.Miyamoto, A generalized Weyl relation approach to the time operator and its connection to the survival probability, *Journal of Mathematical Physics*, 42, 1038 (2001).

[31] J.von. Neumann, *Mathematical Foundation of Quantum Mechanics*（trans. by R T.Beyer）, Princeton University Press, 1983. ノイマン（井上健・広重徹・恒藤敏彦 訳）『量子力学の数学的基礎』, みすず書房, 1957年（なお, 邦訳はドイツ語の原典からである）.

[32] M.Reed and B.Simon, *Methods of Modern Mathematical Physics Vol.*Ⅱ: Fourier Analysis and Self-adjointness, Academic Press, New York, 1975.

[33] C.Rovelli, Partial Observables, *Phys. Rev. D*, 65: 124013, 2002.

[34] K.Schmüdgen, On the Heisenberg commutation relation 1, *J. Funct. Anal. 50*（1983）, pp. 8 -49.

[35] A.Whitaker, *Einstein, Bohr and the Quantum Dilemma*, Cambridge, 1996.

[36] E.Wigner, Translation of "Die Messung quantenmechanischer Operatoren", *Z. Physik*, 133（1952）, pp. 101-108.

今後の展望

　本書において一貫して論じたかったのは，現在我々が学校で学び，それがあたかも時計の針の進み具合を投影していると理解されているあの時間パラメータ t の問題である．哲学においてはそれが歴史的には存在論における実体論の中で「持続」として語られ，時に，精神における「持続」としても理解されることがあった．また，物理学では，今日もごく普通に時間のパラメータがその（動）力学の中に顔を出す．

　カントの直観論による時間解釈は，かなり乱暴な言い方をすれば，こうした時間のパラメータ表記から，我々が「実感している」この時間感覚，あるいは他者と共有可能な時間をいかに紡ぎだすか，ということにある．しかし，カントには時間の起源や由来を問うという視点が基本的に存在しない．前提されているのは，空間化された場合に一次元の線として表象される時間である．この時間表象の根底には，歴史的にみれば，中世末期以降の時間の定量化，図式化がある．こうした時間がパラメータとしての納まりをみせた時，時間は（古典）物理学における重要なパラメータとしての位置を獲得する．

　本書でもう一つ強調したかった点は，時間の起源を考えるという哲学的問いかけである．本書に限っていえば，少なくともライプニッツやボルツァーノにはこうした時間の生成や由来に対する問題意識があった．そうした思想は優れて数学的であり，またその理解には，多くの道具立てが必要とされる．量子物理学において，時間のパラメータに内在する問題が，相対性理論とはまた違った問題として浮上してきている．こうした問題関心とその深まりについては，今後の研究が俟たれる．

　一般に時間論といっても，かなり多様な理解や解釈がある上，本書ではそのすべてを論じることなどは到底できなかった．手元にある，邦訳や日本人研究

者による時間論の本に限っても，最近のものだけでも数多存在する．例えば，時間パラメータという抽象的な時間の成立が時計技術との関係で論じられるべきだという議論（リチャード・モリス『時間の矢』（荒井喬 訳），地人選書，1987年，における時計の発達と「抽象的時間」の関係を参照されたい）や物理学におけるエントロピーやそれに付随する時間の不可逆性の問題を扱ったテキスト（橋元淳一郎『時間はどこで生まれるのか』，集英社（集英社新書），2006年，ポール・ホーウィッチ『時間に向きはあるか』（丹治信治 訳），丸善出版，1992年.）など，あるいは，もっと広く物理学と哲学の関係から時間論扱ったテキスト（渡辺慧『時』，河出書房新社，1974年，『時間の歴史』，東京図書，1973年．シュテインマン『空間と時間の物理学』（水戸巌 訳），東京図書，1967年．イアン・ヒンクフス『時間と空間の哲学』（村上陽一郎ほか 訳），紀伊國屋書店，1979年．郡司ペギオ - 幸夫『時間の正体』，講談社，2008年．E.マッハ『時間と空間』（野家啓一 編訳），法政大学出版，1977年，A. コンヌ，S. マジッドほか『時間とは何か，空間とは何か』（伊藤雄二 監訳），岩波書店，2013年）も数多ある．

　哲学の時間論では，一時ブームにもなったマクタガートの時間の非実在性に関する問題や，自我との関係から時間を論じるテキストがよくみられる（中山康雄『時間論の構築』，勁草書房，2003年．野矢茂樹『同一性・変化・時間』，哲学書房，2002年．入不二基義『時間は実在するか』，講談社（講談社現代新書），2002年．中村秀吉『時間のパラドクス』，中央公論社（中公新書），1980年）．現在でも翻訳が存在しないが重要な時間論のテキストや論文は数多いが，そのいずれも，ある立場から時間を如何に捉えるかという前提を外して時間の議論を理解することは難しいだろう．

　時間に関する事柄をテーマとする本は，SF小説から上記のような専門書まで巷にあふれている．哲学書や思想関連のテキストに限っても，そのレベルや好みは様々であろうが，数多存在することを私は何も知らないわけではない．その上，時間論関係のテキストは，その多くが読者の関心をひきやすい．私はこれまで多かれ少なかれ，時間の問題に関わってきたし，今後も関わっていきたいと考えているが，ただ，その場合でも，いろいろな関わり方，方法がある

ように思う.

　この本の表題のサブタイトルに「双対性としてのフィジカ・メタフィジカ」と付けた．この点については冒頭で少し述べたが，最後に今一度この点について触れておきたい.

　哲学は古代ギリシアにその起源をもつが，プラトンの対話篇にみられるように，「対話」という二人以上の人間がある対象に関して会話や問答を行い，疑問を深めることが重要であった．一方，数学の研究などでは時に，自問自答的な研究としての思索，言い換えれば「独白」が重要な結果を生み出すことがある．最近では，哲学者が数学者や物理学者など様々な領域の研究者と分野横断的な対話をした対話集なる本も公刊されているが，こうした分野横断的な「対話」には，しかし相手の立場を斟酌しすぎるのか，あるいは最初から理解する気がないのか，表面的な議論で，それもセレモニー的になされる会話，あるいは本来のプラトン的な「饗宴」ならざる「シンポジウム」がみられる．いささか辛口かもしれないが，結局，自分の学問領域を相対化できなければ本当の対話にはならない．同時に他の領域のことを知るための基礎研究に基づく「独白」の準備がなければ，豊かな対話は成立しない．こうした意味において，対話と独白は相補的関係にある.

　そもそも，こうした対話が哲学に限らず学問の世界で重要なのは，研究に携わった人間であれば理解されることだろう．プラトンの対話篇は，単なる会話録や議事録ではない．対話の語源であるギリシア語のdialogosは，「言葉を通して」を意味するが，「独白monologue」も同様にmonos（単独の）としてのlogos（言葉）を意味する．いずれも「言葉」を通じて真理に至る過程が重視されている．しかし重要なのは，歴史を振り返れば明らかなように，対話やそれに伴う独白の中で，研究対象を解き明かすための双対性が重要な役割を果たしてきたことである.

　本書のはじめに述べたが，19世紀中葉以降，哲学（メタ・フィジカ）と物理学（フィジカ）の断絶が決定的となり，それはそれで物理学は，自立した学問として古

い形而上学的ドグマから離れ，自由になったともいえるが，物理学の根本的な問題には，常に哲学の問題が同時に，（ネガティブ表現すれば）亡霊のように同伴し続けてきた．アインシュタインやハイゼンベルクの科学的実在論が，伝統的な哲学と全く無関係なところで構築されたのではないことは科学史としてみれば明らかである．周知のように，メタ・フィジカのmeta（メタ）はアリストテレスの著作であるフィジカ（自然学）の「後」に書かれたことを意味する言葉であったが，言葉の問題を超えて，実際，「形而上学」では自然の現象を多く扱う「自然学」の本質を論じる学問とみられてきた．アリストテレスは今日でこそ，「哲学者」であるが，当時は，いわゆる百科全般に通じる科学者であった[1]．カントは自然科学と哲学の関係が大きく変わる岐路の時代に生きた哲学者であったが，当時の科学への旺盛な関心を晩年までもち続けていた．

　科学哲学においても，カント研究やライプニッツ研究に基づき，文献を丁寧によみ，それを解釈する作業は重要である．それは，彼らの，とりわけその科学論や科学哲学を扱う際には，それが当時の科学ときわめて密接な関係があることを正しく理解するためである．そうした歴史的視座から大きく逸脱したところで当該の歴史上の哲学者やその思想に負荷をかけすぎることは問題であろうし，逆に，歴史的経緯を無視した科学批判は正しい批判にはなりえない．カントの時代の科学の限界を一方で認めつつも，カント哲学に無限の期待をかけることはパラドクスである．これは，古典的哲学を我々が扱う際に気をつけねばならないことであろう[2]．逆に，今日，科学基礎論や科学哲学の領域で研究する場合も，最先端の科学を一定程度正しく理解せずして，その結論だけを既存の方法で解釈するという安易な方法も，あまり意味がない．例えば，量子物理学の解釈問題は，その最先端の数学や技術と連動して進められなければならない[3]．物理学も形而上学も，現象や現実と隔絶した観念論ではないからである．フィジカ・メタフィジカにおける双対性とは，研究方法自体にかかわる重要な見方である．

　自然のメタフィジカの表側には自然のフィジカがある．そしてその逆も，基

礎学問になればなるほど，大切である．それを忘れた哲学も科学も，いずれは，
「学問」としては消滅していくであろう．

注
1）科学者という言葉，あるいは，「科学」という概念にかかわる問題には，本書では触
  れていない．野家啓一『科学の哲学』，放送大学教材，2004年，などに明晰な解説が
  ある．
2）我々は例えばカントと同時代のL. オイラーの数学を重要な業績と認めつつも，今日そ
  の数学に無限の期待をかけることはない．しかし哲学研究の中には，特定の哲学者の
  業績があたかも万能であるかのような態度決定を迫るものもないとはいえない．それ
  は不可思議である．有限な理性の営みの中でこそ学術の発展がある．
3）量物理学の観測問題に関しても，それが有限粒子系（有限自由度）の中で終わってし
  まうのであれば，そこから先へは進めない．現実世界は相互作用が絶え間ない無限粒
  子系（無限自由度）の世界であり，有限自由度という理想的世界の中でのみ閉じる世
  界ではないのだから．

あとがき
——謝辞——

　私は上智大学（学部と大学院）で哲学のイロハを学びはじめた後，東京都立大学（現：首都大学東京）に編入し倉田和浩先生のところで，初めて数学のテキストの読み方を学び，数学と物理学を学んだ．当時は大域解析学に憧れて無謀にも転入2年目でJürgen Jostのリーマン幾何学に関する数理物理学のテキスト（*Riemannian Geometry and Geometric Analysis,* Springer, 1995年（初版））を読み始めたが，さっぱり理解が進まず，途中から，当時出版されたばかりの井川満『偏微分方程式論入門』（裳華房，1996年）にかえ，「楕円型偏微分方程式論」の初歩を卒業研究とした．ここで初めてきちんとヒルベルト空間などの関数空間を勉強した．その後，北海道大学大学院へ移り数学および物理学をより専門的に学び，また哲学の研究も同時に行った．就職が決まって京都へ移ってからも，様々な出会いがあり，知的好奇心が刺激された．

　数理科学の世界に今でも多少かかわっている私は，数学や物理学の研究過程の中で，幸運にも哲学のお話ができる先生方とめぐり合える機会を得た．特に，北海道大学大学院の時代からお世話になっている新井朝雄先生（理学研究院・数学部門）や先ごろ京都大学数理解析研究所を退任された，小嶋泉先生，またK.フレーデンハーゲン先生（ハンブルク大学・理論物理学研究所II）には，刺激を与えられ続けてきた．

　あまり有能な学生でもなく大した業績も残してこなかったが，振り返ってみれば，これまで私が研究を曲がりなりにも続けてこられたのは，公私にわたりお世話をしていただいた数多くの恩師や研究者の皆さまのおかげである．カントやドイツ観念論を中心とする近世哲学に関しては上智大学当時，大橋容一郎先生やL. アルムブルスター先生にご指導賜り，北海道大学での博士論文執筆時には新田孝彦先生に，日本学術振興会特別研究員当時は東京大学で髙山守先

生に大変お世話になってきた．研究に関する様々な対話がいつの間にか私の中で一つの双対性を形にさせてくれたのだと思う．そして，こういう本を仕上げることができたのは静謐な研究環境やこういう環境に私をおいてくれた家族のお蔭であることはいうまでもない．

　2015年に他界されたデカルト研究の泰斗である小林道夫先生（当時，龍谷大学教授で日本学士院会員）に本書をご覧いただきご意見を頂戴することができなくなったことが痛恨の極みである．私の勤務先である龍谷大学で，これまで職務に関して様々お世話をいただいた丸山徳次先生をはじめとする哲学専攻のスタッフの皆さまにはお礼を申し上げたい．また龍谷叢書としての出版助成を賜った龍谷学会及び事務局の福田基さん，この本の作成に最初から貴重なご助言を頂いた伊藤邦武先生，晃洋書房の丸井清泰さんに重ねてお礼申し上げたい．

人名索引

〈ア 行〉

アインシュタイン，A.　184
アウグスティヌス　29
アクィナス，T.　30
アハロノフ（アハラノフ），Y.　179
新井朝雄　180
アリストテレス　29, 34, 95, 174
池田善昭　121
ウィグナー，E.　177
ウィトゲンシュタイン，L.　129
ヴォルフ，C.　116, 120, 122
内井惣七　122
大森荘蔵　8, 40
オッカム，W.　36
オレーム，N.　27, 33, 164

〈カ 行〉

ガリレオ，G.　37, 38
カルナップ，R.　129
カロッティ，S.　35
カント，I.　7, 48, 60, 74, 93, 115, 128, 134,
　　141, 145, 167
カントール，G.　127, 136, 139
クラーク，S.　118, 143
グラント，E.　38
ゲーデル，K.　143, 168
コイレ，A.　38

〈サ 行〉

ジェラール　30
シェリング，F.　60, 74, 93, 108, 168
スピノザ，B.D.　86
スワインヘッド，R.　31, 32

〈タ 行〉

高橋憲一　38
ダ・ビンチ，L.　37
ダランベール，J.L.R.　47
ツィンマーレ，W.　98
デカルト，R.　6, 86
デデキント，R.　140
デュエム，P.　38

〈ナ 行〉

ナイマルク，M.　190
中島義道　4
ニュートン，I.　10, 115, 128, 138, 164
ノイマン，J.v.　160, 174, 176, 192

〈ハ 行〉

ハイゼンベルク，W.K.　161, 174, 175
ハイデガー，M.　9, 49, 51
バウムガルトナー，H.　108
パウリ，W.E.　161
バークリ，G.　68
パース，Ch.　70, 138
パラギー，M.　143
ビュリダン，J.　30, 34
ファインマン，R.　154, 157
フィヒテ，J.G.　60, 73, 93
藤田伊吉　134
フッサール，E.G.A.　40, 49, 51, 135
ブッシュ，P.　184
ブラドワディーン，T.　31
プラトン　29, 95
ブルネッティ，R.　184, 186
フレーゲ，G.　143, 146
フレーデンハーゲン，K　184, 186
ブレンターノ，F.　135
プロティノス　29
ヘーゲル，G.W.F.　89, 90, 136, 144, 168
ベーコン，R.　37, 38
ベルクソン，A.　2, 40, 49
ヘンリッヒ，D.　85
ペンローズ，R.　168
ボーア，N.　174, 175
ポドルスキー，B.　184
ボナベントゥラ　30
ボーム，D.　179
ボルツァーノ，B.　127, 133, 192
ボルン，M.　17

〈マ・ヤ行〉

マイヤー，A.　36
マクタガート，J.　40

三浦伸夫　38
モア，H.　47
ヤオホ，J.　177

〈ラ・ワ行〉

ライプニッツ，G.W.　39, 95, 109, 115, 134,
　139, 168, 192
ラインホルト，K.L.　75
ラグランジュ，J.-L.　10

ラスク，E.　138
リンドバーグ，D.C.　29
ローゼン，N.　184
ロック，J.　39, 66, 82
ローティ，R.　48
ロベリ，C.　188
ワイエルシュトラウス，K.　134

事 項 索 引

〈ア 行〉

アハロノフ＝ボームの時間作用素　179, 186,
　190
アンチノミー　50, 51, 62, 65, 69, 103, 104,
　108, 126, 167
一般相対論　165
インペトゥス（理論）　30, 34, 38

〈カ 行〉

ガラポンの時間作用素　181, 191
ガリレイ変換　11, 13
観測可能量　188
観測問題　18, 168, 174
虚数時間　164, 167
経路積分　154, 162
古典物理学　10, 12, 40, 48, 53, 145, 159
コペンハーゲン解釈　174

〈サ 行〉

時間作用素　147, 159, 161, 183
時間パラメータ　12, 17, 19, 28, 40, 145, 183,
　189
時空　13, 15, 40, 128, 165, 167
自己共役作用素　18, 160, 181
シュレディンガー方程式　17, 161
純粋持続　4, 5
純粋直観（感性的直観）　7, 8, 15, 48 ,50, 59,
　61, 63, 66, 79, 80, 87, 93, 115, 126, 137, 143
状態関数（状態ベクトル, 波動関数）　17, 156,
　175, 183
スペクトル　19, 181 ,186
　——測度（SPM）　184, 189
正準交換関係（CCR）　154, 179, 182, 184
正値作用素測度（POVM）　184, 189
積分核表示　154, 156

絶対空間　47, 51, 119
絶対時間　39, 51, 119
想像にしたがって　31
相対時間　39
双対性　xi, 191, 192
相補性　175, 176

〈タ 行〉

対称作用素　161, 182
ダイレーション理論　188, 190
超越論的観念論（超越論的観念性）　48, 49,
　53, 60, 63, 68, 74, 81
超越論的直観　98
ディリクレ関数　12
特殊相対性理論（特殊相対論）　10, 14

〈ナ・ハ 行〉

ノイマンの観測理論　177, 188
場の量子論　173, 188, 192
ハミルトニアン　155, 181, 187, 192
不確定性関係　40, 160, 175, 176, 179
ボルツァーノ＝ワイエルシュトラウスの定理
　133, 140

〈マ 行〉

マートン学派　31
ミンコフスキー時空　165
モナド　117, 121, 126, 141

〈ラ・ワ行〉

リーマン積分　13
量子物理学　18, 40, 153, 173, 188
ルベーグ積分　13
ローレンツ変換　13
ワイル表現　180

《著者紹介》

藤本　忠（ふじもと　ただし）

1969年　長野県生まれ
上智大学文学部哲学科・東京都立大学理学部数学科 卒業
上智大学大学院哲学研究科博士前期課程修了
北海道大学大学院理学研究科修士課程修了
北海道大学大学院文学研究科博士課程 修了．2004年 博士（文学）
日本学術振興会特別研究員をへて，現在，龍谷大学文学部哲学科准教授
専門は哲学及び数理科学基礎理論

主要業績

「カテゴリーの超越論的使用とは何か」『日本カント協会編　カント哲学と科
　学』，理想社，2003年．
「自然科学的世界観と宗教的世界観の間──物理学の理論〔相対性理論〕をめ
　ぐる哲学的解釈を軸に──」『人間・科学・宗教ORC研究叢書 9　核の時
　代における宗教と平和　科学技術のゆくえ』（武田龍精 編），法藏館，
　2010年，など．

龍谷叢書XL
時間の思想史
──双対性としてのフィジカ・メタフィジカ──

2017年 3 月20日　初版第 1 刷発行　　　＊定価はカバーに
　　　　　　　　　　　　　　　　　　　　表示してあります

著者の了解により検印省略	著　者	藤　本　　　忠 ⓒ
	発行者	川　東　義　武
	印刷者	西　井　幾　雄

発行所　株式会社　晃　洋　書　房
〒615-0026　京都市右京区西院北矢掛町7番地
電話　075 (312) 0788番㈹
振替口座　01040-6-32280

ISBN 978-4-7710-2848-7　　印刷・製本　㈱NPCコーポレーション

JCOPY 〈㈳出版者著作権管理機構 委託出版物〉
本書の無断複写は著作権法上での例外を除き禁じられています．
複写される場合は，そのつど事前に，㈳出版者著作権管理機構
（電話 03-3513-6969, FAX 03-3513-6979, e-mail: info@jcopy.or.jp）
の許諾を得てください．